2013 年，时任吉林省副省长王化文（左二）莅临学校，考察长春长吉图职业教育集团发展情况

2017 年，吉林省人大常委会副主任、民建吉林省委主任车秀兰（左二）莅临学校参观考察

2015 年，时任吉林省政协副主席、省教育厅厅长张伯军（左二）莅临学校参观考察

2013 年，时任国家教育部职业教育与成人教育司司长葛道凯（左三）莅临学校参观考察

2014 年，时任教育部职业教育与成人教育司巡视员王继平（左三）莅临学校参观考察

2017 年，教育部职业教育与成人教育司副司长谢俐（右）、中国职业技术教育学会常务副会长兼秘书长刘占山（中）莅临学校参观考察

2014 年，教育部监察局副局长陈瑞武（左二）莅临学校参观考察

2013 年，时任长春市委常委、副市长张晶莹（右二）莅临学校参观考察

幸福职教
开启幸福人生

王家青　李　曼◎主　编
华福年　闵　锐　黄生龙◎副主编

人民交通出版社股份有限公司
China Communications Press Co.,Ltd.

内容提要

本书从职业教育的现状入手，引出幸福职教的概念，通过构建幸福职教体系，以“立德、树人”为内容主线，以全面提高学校职业教育质量，增强教职员工学习、工作和生活的幸福感为目标，辅以生动的案例及详细的知识，使学生体验、感悟学校幸福职教的成功运用，促进学生人文素养的提升。

本书可作为中等职业学校学生读本使用。

图书在版编目（CIP）数据

幸福职教 开启幸福人生 / 王家青，李曼主编．—北京：人民交通出版社股份有限公司，2018.1

ISBN 978-7-114-14582-7

Ⅰ．①幸… Ⅱ．①王… ②李… Ⅲ．①中等专业学校—教育研究 Ⅳ．①G718.3

中国版本图书馆CIP数据核字（2018）第049668号

Xingfu Zhijiao Kaiqi Xingfu Rensheng

书　　名： 幸福职教 开启幸福人生

著 作 者： 王家青 李 曼

责任编辑： 姚 旭

责任校对： 宿秀英

责任印制： 张 凯

出版发行： 人民交通出版社股份有限公司

地　　址：（100011）北京市朝阳区安定门外外馆斜街3号

网　　址： http://www.ccpress.com.cn

销售电话：（010）59757973

总 经 销： 人民交通出版社股份有限公司发行部

经　　销： 各地新华书店

印　　刷： 北京鑫正大印刷有限公司

开　　本： 720×960 1/16

印　　张： 14

插　　页： 2

字　　数： 149千

版　　次： 2018年1月 第1版

印　　次： 2018年1月 第1次印刷

书　　号： ISBN 978-7-114-14582-7

定　　价： 40.00元

序

面朝幸福　春暖花开

多年的教育生涯，让我对教育事业有着深深的情怀与期待。有人把教育比喻为最容易获得幸福人生的事业，对此我深信不疑。当我实现精神追求、领悟人生意义的时候，我是欣慰的；当我看到桃李满天下、春晖遍四方的时候，我是自豪的；当我看到教师们传道授业、实现人生梦想的时候，我是快乐的。这些都让我体验到了教育的幸福。

知识撑起一片天，技术造就一代人。职业教育是人生出彩的金钥匙，是民生改善的推进器，是经济发展的驱动力，为实现“两个一百年”奋斗目标，实现中华民族伟大复兴中国梦提供重要的人才保障，担负着实现“国家富强、民族振兴、人民幸福”的历史重任。新时代职业教育已远远不再是原来的就业教育，而是寻求终身学习与发展的教育，是要“为人的幸福、人生打好底子”“为人创造终身幸福”的幸福职业教育。因此面对中等职业学校学生的特殊性，我们更需要考虑学生是否快乐、是否幸福，更需要帮助他们拥有幸福人生。

幸福职教，深刻而长远地诠释了职业教育的重要目标是“培养终身幸福的人”和职业教育“怎样培养终身幸福的人”。“幸福职教”5 年的建设历程也充分证明了幸福职教的意义与价值。

《幸福职教　开启幸福人生》这本书，会把你带入一个充满厚重文化和职教氛围的教育领地，在那里，你能够看到处处荡漾着幸福和快乐；在那里，幸福职教与你共同开启幸福人生！

幸福都是奋斗出来的，置身新时代，站位新起点。面朝幸福，我们能够看到职业教育春暖花开。

梁国超

2017 年 12 月

目录
CONTENTS

培养终身幸福的人
怎样培养终身幸福的人

第一章

幸福职教
让职业教育与幸福同行

第一节

新时期对职业教育发展的新要求

教育家黄炎培认为教育不发达，宜提倡职业教育，即使教育发达，更宜提倡职业教育。否则，以现时一般教育状况，受教育者日多，服务者将日少，势必阻碍生产力的发展。

教育发达不应仅仅是普通教育的发达，社会具有多元性，是由各种不同的社会分工组成，因为岗位分工不同，所以各自的职责各有不同。职业教育作为培养技术技能型人才的教育类型，承担着为社会发展提供人才支撑的重要任务。只有大力发展职业教育，才能满足社会发展的需求，满足人的发展需求，使人各尽所能、各获所需，促进社会和谐发展。职业教育是实现人生出彩的金钥匙，是民生改善的推进器，是经济发展的驱动力。所以，应该积极发展职业教育，使人们掌握一定的专业技能，解决企业用人难问题，促进经济发展。

近年来，国家高度重视职业教育的发展，党和国家始终要求把发展职业教育摆在更加突出的位置。改革开放伊始，国家就从社会主义现代化建设的高度，确立了大力发展职业教育的方针。

2002年，在首次以国务院名义召开的全国职业教育工作会议上，时任国务院总理朱镕基提出，职业教育的特殊性决定着必须把它摆在更加重要的位置。

在2005年召开的全国职业教育工作会议上，时任国务院总理温家宝提出，要把职业教育作为经济社会发展的重要基础和教育工作的战略重点，摆到更加突出、更加重要的位置。

2005年《国务院关于大力发展职业教育的决定》中更是明确指出要把发展职业教育作为经济社会发展的重要基础和教育工作的战略重点。大力发展职业教育，加快人力资源开发，是落实科教兴国战略和人才强国战略，推进国家走新型工业化道路、解决"三农"问题、促进就业再就业的重大举措；是全面提高国民素质，把国家巨大人口压力转化为人力资源优势，提升国家综合国力、构建和谐社会的重要途径；是贯彻党的教育方针，遵循教育规律，实现教育事业全面协调可持续发展的必然要求。

经过多年的经济高速增长，国家面临经济下行压力增大、产业转型升级的巨大挑战。同时，国家人力资源在数量方面的红利也渐趋消失。在这一背景下，提高人才的工作效率和技术水平成为经济转型升级的迫切需要，这对职业教育发展也提出了更高要求。

党的十八大以来，在"四个全面"战略布局和五大发展理念的战略指引下，以习近平同志为核心的党中央对职业教育发展作出重要部署，提出了一系列新的职业教育发展理念。

2014年，习近平总书记专门对职业教育工作作出重要指示，各级党委和政府要把加快发展现代职业教育摆在更加突出的位置，更好支持和帮助职业教育发展，为实现“两个一百年”奋斗目标和中华民族伟大复兴的中国梦提供坚实人才保障。这是改革开放以来党的总书记首次对职业教育的战略地位、重大作用和发展方向作出的判断，为职业教育赋予了国家富强、民族振兴、人民幸福的伟大历史使命。

从国际形势上来看，几年来，面对经济萧条、发展不均衡等一系列的问题，无论是发达国家还是发展中国家，都在寻求和探索促进社会稳定、经济繁荣和可持续发展的职业教育发展战略，强调加强发展职业教育力度，发挥职业教育在实现经济社会可持续发展中的作用。

2015 年 9 月 25 日，联合国可持续发展峰会通过具有里程碑意义的《2030 年可持续发展议程》，在这一议程下，职业教育要以一种更积极有效的方式保障和支持发展目标的实现，这已经成为国际社会的共同愿景。

在这种国内和国际形势下，习近平总书记用“高度重视、加快发展”来强调发展职业教育重要性和迫切性，是对国家“把发展职业教育放在更加突出位置”的深化，也是国际职业教育理念的一次重大的跨越与提升。

第二节

加快发展职业教育的重大意义

“六特”——教育部党组书记、部长陈宝生对职业教育发展提出的明确要求。

职业教育是国家教育体系不可缺少的一个重要教育类型，担负着培养职业技能人才的重任，是社会与国民经济持续快速发展的重要基础，它在提高劳动者素质和解决就业、促进经济转型升级以及社会稳定、国民幸福等方面发挥着重要的作用。

图1-1　职业教育“六特”文化石

职业教育是发展地区经济的驱动力。职业教育量大面广，遍布于各国大中小城镇。例如，澳大利亚全国共有二百余所TAFE学院，其中一百所位于主要大城市，另一百余所分布于各中小城镇。日本的专门学校共计三千余所，遍布全国各地。学生通常就近升学，就近就业。专业一般都是根据本地区社会实际需要而设立，目标明确，专业对口，量体裁衣，学以致用，毕业生很受社会欢迎。再如，美国社区学院的毕业生就受到95%的企、事业单位的欢迎。所以，大力发展短年制的职业教育对普遍提高国民的科学文化素质作用显著。

职业教育对于发展具有本地区特色的经济至关重要。职业教育的遍地开花，有利于各地的普遍繁荣富裕、安居乐业。职业教育的毕业生已经是促进本地区经济发展的重要力量。

职业教育是实现人生出彩的金钥匙。众多学生和家长把通过高考，进入高等学府学习看作是谋求人生幸福的唯一途径，多年来造成了“千军万马过独木桥”的现状，并引发一些社会现实问题，但实践证明，在全世界已经涌现出越来越多的成功人士和“大国工匠”，他们并没有接受过高等教育，而接受的是职业教育。他们在自己的工作岗位上，执着追求，同样可以拥有出彩人生，可谓是“三百六十行，行行出状元”。这体现了生命多样性发展的客观规律和社会需求的多样化。另一方面，职业教育可以为社会弱势群体及特殊群体提供教育机会，如考不上高中想继续学习的学生、家庭困难想提前就业获得较高收入的学生等，职业教育可以为他们提供受教育机会，实现人生梦想，职业教育更能体现“以人为本”的社会宗旨。

职业教育是实现终身教育的重要途径。由于科技发展日新月异，现代生产新技术和产业结构不断发生变革，职业结构和就业结构也发生了极大的变化，即使是高学历毕业，也不能保证就业和发展做到一路平坦。原来的一次终结性教育或培训已经无法满足现代社会及人的发展需求，选择多样化的继续教育与技能培训已经成为社会经济与人发展的必然。在建设“学习型”社会的今天，终身学习教育概念已经深入人心，已经不仅仅限于意识上的改变，更是行为上的转变，而职业教育正是实现终身教育、实现人的可持续发展和促进经济发展及社会进步的重要途径。

职业教育是实现经济转型的重要人才支撑。社会在变革，社会对职业教育的需求也在不断变化。一些传统的工作和工作岗位逐渐消失，另一些新技术和新工种如雨后春笋般出现，例如计算机网络、信息技术、无线通信、多媒体、图形、人工智能等。在这种形势下，职业教育一方面要对已有的劳动力加强继续教育，使他们能够适应社会的进步和工作性质的变化；另一方面要进行职业教育改革，以培养新一代的高素质劳动者。

职业教育的意义是多层次的，其中最直接的一点，就在于能够培养大量的国家目前急需的高水平技术技能型人才。

国家提出的“中国制造 2025”战略，抓住了成为制造强国的良好机遇，我国应该把简单的、低水平的劳动加工中心，发展成为一个高水平的智能制造中心，并且逐步成为科技研发中心。

2016 年，由工信部牵头启动“中国制造 2025”试点示范城市申报工作。2016 年 11 月 30 日，在制造业领域具有典型区域经济特征和发展优势的长春市，正式获批成为“中国制造 2025”试点示范城市。为深入实施制造业强市战略，长春市将实施五大工程，打造六大千亿级战略性新兴产业，构建“四大体系”，推进“五个方面”试点示范，推动“长春制造”向“长春智造”“长春创造”转变。那么，谁来为制造中心、研发中心培养高技能的技术工人和应用型的工程师呢？当然是职业教育。

尽管我国职业教育发展速度很快，但对技术技能型人才的需求仍十分迫切，社会及企业对高技术技能人才的需求，呈现逐年递增的态势。

国家7000万产业工人中，只有1/3是技术工人，高、中级工仅占5%。与发达国家高级技工占近40%的水平相差甚远，同时随着老一代高技能人才的逐渐退休，很多企业原本就奇缺的高技能人才将后继乏人。说“技工荒”已成为制约企业发展的瓶颈，甚至影响到制造业的升级换代，并非危言耸听。要改变这一状况，需要培养大批新型技术工人，就需要大力发展职业教育，职业教育是提高国家核心竞争力的重要因素。以太阳中兴机械厂为例，它生产的油墨轴承在世界上占很大市场份额，像日本三菱、德国西门子都采购它的大型油墨轴承，而这个油墨轴承是在数控加工中心制造出来的，它有个三维复杂的切面，要求这个切面的过渡非常圆滑，即使是数控加工中心制造出来的产品，其最后一道工序也必须由技术工人手工完成，就是因为这个工厂有三名掌握这门技术的工人，才使该产品达到别人无法比拟的精度。

所以，全世界最精细的活，有时还是需要人工来完成。因此说职业教育对人的发展起到重要作用。

第三节

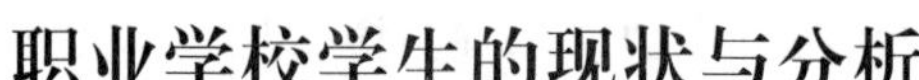

职业学校学生的现状与分析

随着高校的扩招及中等职业学校招生制度改革，中等职业学校的招生由以往优秀的初中毕业生经过统考达到一定要求方可就读，变成只要是初中毕业就可就读，中等职业学校的生源状况发生了很大变化。目前中职学校的生源主要有几种情况。

其一，极少数成绩优秀而家庭贫困的学生，因经济原因选择中等职业学校，以尽早就业减轻家庭负担。这部分学生学习认真，遵守纪律，但所占比例较小。

其二，一部分学生学习成绩达不到高中录取分数而选择中等职业学校。这部分学生学习状态尚可，具备中学生的基本习惯养成。

其三，比例相对较大的一部分学生是中学学习成绩极差，不能考取高中，不爱读书，但家长为防止其过早进入社会出现意外，以让学校看护学生为出发点，而强迫他们进入中等职业学校。这部分学生学习态度极差，习惯养成极差。

中等职业学校的学生普遍存在以下缺失：

一是缺乏正确的“三观”和责任意识。

二是缺乏良好的道德修养和积极的心理品质。

三是缺乏健康的审美观及鉴赏美、创造美的能力。

四是缺乏对专业选择的正确观念和标准，从众心理严重。

五是缺乏对未来职业的规划和设计，心存茫然。

六是缺乏规矩意识和吃苦精神。

七是缺乏幸福体验和追求幸福人生的自信心。

八是缺乏改变现状的勇气和能力。

虽然中等职业学校学生存在这样或那样的缺失，然而我们在教育教学中不难发现，有的孩子语文、数学、外语等文化知识学得一般，但是他们头脑灵活，动手能力比较强。如果对他进行正确的教育和引导，培养他们的兴趣爱好，他们就会很好地学习和掌握维修汽车、组装设计机器人等技术技能。有的女孩子，不爱学习，成绩不好，但她们热爱造型、服装设计、服务管理专业等，这些同样可以为社会创造财富。

因此，我们不应该戴着有色眼镜看人，不应该全盘否定，不应该让他们成为应试教育的失败者，家长也不要因为他们没能考上高中而感到失望和沮丧，从而过早地让他们结束接受教育，而是要帮助他们寻找适合自身生存发展的职业教育。

职业教育要担当起把这些不被社会、家长看好的青少年培养成为能够为社会做出贡献，并过上幸福生活的高素质劳动者和技术技能型人才的重任。

第四节

“幸福职教”的由来

一、什么是幸福

幸福是什么？这是人类一直追寻的目标。

幸福，听起来就让人觉得美好、向往与陶醉。幸福是人类生存的最理想状态，是一切实践活动所要追求的目标。无论是达官显贵、平民百姓、男女老幼，都对幸福充满期待。

幸福词源

幸：

①本义，动词：用镣铐锁拷罪犯。本义消失。

②动词：帝王特赦死囚。义项只见于古文。

汝天下之国士也，幸汝以成而名。——《吕氏春秋》

王亦幸赦臣。——《史记·廉颇蔺相如列传》

愿大王以幸天下。——《汉书·高帝纪下》

③动词：帝王赐爱、偏爱、宠爱。

妇女无所幸。——《史记·项羽本纪》

④形容词：福气大的，运气极佳的。

图 1-2　字源演变

福：

①本义，动词：献酒祭神，祈求富足安康。福佑/祝福。

亦其福女。——《诗·鲁颂·閟宫》

小信未孚，神弗福也。——《左传·庄公十年》

②形容词：满足的，理想的，幸运的。

福地、福州、福将、福星、福相/洪福、幸福。

③名词：丰盛的物质享受，理想的生活。

福分、福气、福建、福利、福如东海、福无双至/托福、享福、造福。

福，祐也。——《说文》。按，本作祐也。

万福来求。——《诗·小雅·桑扈》

降福既多。——《诗·鲁颂·閟宫》

福者，备也。备者，百顺之名也。——《礼记·祭统》

受兹介福。——《易·晋》

祸兮福所倚，福兮祸所伏。——《老子》

师其类者谓之福。——《荀子·天论》

安利之谓福。——贾谊《道德说》

全寿富贵之谓福。——《韩非子·解老》

图 1-3　字源演变

在东方，老子认为，人类应该回到“自然态”中才有幸福，只有成为“自然人”才能活得其所、活得自由、活得幸福；而孔子则主张人的幸福要建立在对社会的贡献上，重视个人的品德，倡导仁义之道、君子之道。他重视现实生活，主张建立“天下为公”的“大同世界”来实现“老有所终，壮有所用，幼有所长，鳏寡孤独废疾者皆有所养”的人类共同的理想社会、幸福社会。

中国幸福文化的核心是“五福”观念。《尚书·洪范》曰：“五福：一曰寿，二曰富，三曰康宁，四曰修好德，五曰寿终命。”而流传至今，演化为民间广为流传的是“ 福、禄、寿、喜、财”的“五福”，以贯穿一生的幸福为目标，讲求长寿、富裕、安康、有德行，老年无疾而终，认为这样的人生才是完美的。

图 1-4　百福图

在西方，最早对幸福进行研究的是梭伦，他认为幸福是人所追求的最高目的，幸福在于善始善终；苏格拉底认为幸福是由智慧和知识决定的；柏拉图认为德行和智慧是人生的真幸福；亚里士多德认为幸福是关于人的功能之最充分的发挥。幸福是至善，幸福是心灵合乎完全德行的活动。

在《辞海》中，“幸福”一词被定义为在为理想奋斗过程中以及实现了预定目标和理想时感到的满足状况和体验。

从古至今，从中国道家、儒家的幸福思想，到西方感性主义、理想主义等的幸福思想，再到中华汉字的释义，无一例外地诠释着幸福含义的丰富性和多元性，也体现着人类追求幸福的美好愿景与满腔热情。

人们对于幸福的理解各有不同，各家学派的解释或许也都只是冰山一角，但是有一点是不容置疑、必须肯定的：幸福是一种发自内心的愉悦，是一种自我接纳的感受与体验，幸福都是奋斗出来的。

二、教育与幸福

教育与幸福有着怎样的密不可分、千丝万缕的关系？

苏霍姆林斯基说道：“教育学方面真正的人道主义精神就在于珍惜孩子享受快乐与幸福的权利。教育必须保护孩子心灵中巨大的、无可比拟的精神财产和精神财富——快乐与幸福。”

自古以来，人们始终在执着探索最完美、最实际的教育，而最多的研究结论并产生共鸣的说法是，教育要以幸福为目的。那么，教育与幸福到底是个怎样的关系？

杜威说道：“教育即生长”，这里的生长，我们应该理解为是基于生命自身具备的需要发展、能够发展、必须发展、健康发展的内在力量，是源于教育那种阳光的、积极的、温暖的滋润与培育。这种生长，应该是自主的、自由的、自在的，应该是人们能够看到和感受到的快乐与幸福。这种生长的过程就是教育的过程，真正的教育、理想的教育就是孕育幸福的教育。

教育的对象是人，人只有通过教育才能成为人，因此可以说，教育的目的是为了人的生长，为了人幸福的生长。实现人民对幸福美好生活的向往，就是我们教育事业奋斗的目标。

三、“幸福职教”的提出背景

苏霍姆林斯基说道：“教育应该成为每个人获得幸福的有效途径和工具”“理想的教育是培养真正的人，让每个从自己手里培养出来的人都能幸福地度过一生，这就是教育者应该追求的恒久性、终极性价值。”美国斯坦福大学荣誉教授内尔·诺丁斯也认为，幸福是教育的核心目的。由此可见，教育的终极目标即是拥有幸福人生。

2012 年 11 月 29 日，习近平总书记提出了“两个一百年”的奋斗目标和中华民族伟大复兴的“中国梦”，并把教育事业作为中华民族伟大复兴的基础工程，坚定地提出优先发展教育事业，号召要大力发展现代职业教育，为社会培养大批高素质劳动者和中初级专门人才，为实现“国家富强、民族振兴、人民幸福”的“中国梦”提供人才保障。

长春市自 2013 年起实施幸福长春建设工程，连续四年被国家评为“最具幸福感的城市”。在幸福长春建设行动计划 100 项工程中，教育占比 1/8。职业教育须积极为地方支柱产业和地方经济服务，因此职业学校的办学理念和目标也要紧紧围绕长春市重点中心工作进行更新和发展。

就目前在校学生的家庭背景来看，他们多来自“三低一多”家庭。

（1）父母教育程度较低。

80%～90%的父母只是初中或小学毕业。父母的教育意识薄弱，引导教育不足，对学生的思想教育和学习教育辅导不到位，学生学习兴趣和动力不足。

（2）父母社会地位低。

80%～90%的父母为农民或农民工。父母工作单位在机关、事业单位及国有企业的很少，集中在农村、私有企业及灵活就业、待业情况比例较高，地位低下造成学生缺乏学习自信心和乐观的生活态度。

（3）家庭收入水平较低。

相当部分的家庭年收入在10000元以下。根据调查中的家庭年收入数据及家庭人口数，我们粗略估算了在校学生“家庭人均年收入”的分布情况，结果发现有61%的学生其家庭人均年收入低于地区平均收入。经济来源的不足，引起社会对学生产生歧视，让学生感到不被尊重和认可。

（4）多子女的农村户口家庭。

75%以上的家庭有两个以上的孩子，近九成（88.8%）为农村户口，学生的学习生活环境差。单亲家庭、留守家庭比例高，分别占到12.5%和37.2%。由于家庭状况复杂，家庭教育普遍缺失缺位，造成学生有自卑、消极等心理问题。由于家庭和社会因素造成学生心理上的障碍，造成学生对幸福感的缺失和对学习生活的迷茫。

长春职业技术学校具有57年的历史。1961年建校，当时的校名为长春市农业机械化学校，2007年长春市农业机械化学校与长春职业技术学院中职部整合，2009 年正式更名为长春职业技术学校。2010 年起长春职业技术学校步入快速稳定科学发展时期，提出“打造规矩　塑造人格　增强技能　提升学历”的办学理念，2013 年成为首批国家中等职业教育改革发展示范学校。

学校在发展壮大办学规模、提升办学实力过程中，不断深入思考和探索怎样赋予职业教育更深层次的发展内涵？怎样弥补中职学生存在的缺失？怎样让他们幸福的生活？怎样为实现“中国梦”、为建设幸福长春贡献力量？

长春职业技术学校经过几年的发展实践、深入的调研和充分的论证，于 2013 年 9 月，正式提出构建“幸福职教”体系及实现“全国名校”的建设目标。

图 1-5　“中国梦”文化石

四、“幸福职教”的内涵

“幸福职教”不是一种教育内容，也不是一种教育方法，它是一种教育思想、理念与追求。“幸福职教”，从理论上来讲就是以培养人的幸福情感为目的，增强教育者和受教育者“体验幸福、创造幸福、给予幸福”的职业教育，从而使他们逐步发展成为拥有幸福能力的生命主体。

“幸福职教”从“两个指标”“六个维度”入手，逐步建设、丰富和完善。“两个指标”分别是教师指标和学生指标，“六个维度”是把“打造舒适优美的工作环境、创造教师成长的良好条件、搭建青年干部培养平台”作为教师幸福的着眼点，以“学己所想、用己所长、做己所望”为学生幸福的落脚点。通过建设幸福模式，营造幸福环境，创造幸福未来，实现“幸福职教”体系建设目标。

第一是建立幸福模式。以“立德树人”为根本，根据中等职业学生对专业的选择存在茫然、对未来职业规划没有目标的特点，学校实施“专业联动分流培养”的人才培养模式，开展引导式教育，让学生发挥主观能动性，按照自己的爱好自主选择专业、选择课程、选择教师、选择社团、选择设备设施。这样学生对自己所选的专业就会产生浓厚的兴趣，进而能够发自内心热爱学习，在心理上获得一种愉悦和满足。

第二是营造幸福环境。以文化为引领，以学生德育教育为先，实施养成教育，培养学生学会做人，把学生培养成为一个懂规矩、守规矩的负责任之人。以促进教师事业发展为基础，通过“环境建设”“创造平台”“提升培养”三个路径，让教师享受教育生活，获得幸福人生。以打造“生产性实训”环境为目的，购置一流的实习实训设备，把实践教学设备逐步全面更新为“生产性实习实训”设备，建立真实的生产性实习实训氛围，让学生在学校就能见识到、使用到先进的生产设备，树立职业自信。以“学生能做的事情不让老师做，老师能做的事情不让社会做”为实践教学理念，全面实行“理实一体”教学和“生产性实习实训”，在增强学生生产技能水平的同时，树立人生自信，感受被信任和被重视的幸福感。以长春长吉图职业教育集团为依托，优化就业环境，为学生提供优质就业，实现“学有所用”，提高对口就业率。以“扶贫扶智”为宗旨，通过“金秋助学”“精准扶贫”等途径，帮助贫困学生及家庭走出困境，过上幸福生活。

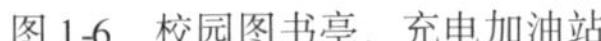

图 1-6　校园图书亭、充电加油站

图 1-7　数媒专业生产性实习实训场景

第三是创造幸福未来。以促进人的发展为宗旨，建立“学习—就业—继续教育—更高层次就业”的终身教育与就业服务模式，提供创造幸福人生的平台。通过开发国际水平的专业教学标准、建立国际职业资格证书基地，搭建国际合作平台，育国际化人才。建立就业服务跟踪机制和社会互通机制，探索“社区大学”模式，建立人人皆可成才的机制，时时、处处为有学习和职业进步及实现人生理想的人提供机会，让更多的人实现终身幸福。

图 1-8　与韩国全州纪真大学签约

图 1-9　与德国柏林职业教育集团合作

可见，“幸福职教”的成功实践真正让老师幸福的教，学生幸福的学，并为师生实现未来发展和人生幸福奠定基础条件、提供先进条件、创造优厚条件，最终为实现“中国梦”培育更多幸福的人。“幸福职教”引领了职业教育发展方向，是新时代现代职业教育发展的迫切呼唤。

第二章

幸福职教
引领学校文化

第一节

文化的力量

文化是一种内在的巨大精神力量，它在人们认识世界、改造世界的过程中可以转化为无穷的物质力量。文化，看似若隐若现、万千纷呈，貌似缥缈不定、可有可无，实则具有超物质的能量。

文化是一个国家和民族进步的力量本源。中国作为历史悠久的四大文明古国之一，具有五千年的历史文化，有着一个长期传承而未曾中断的、丰富的文化体系，孔子周游列国，讲学论道，句句是经典，字字皆圭臬。中国社会历史的发展和进步，民族的独立和振兴，民族精神的发扬和光大，都离不开文化的引领与支持。文化的力量，深深熔铸在中华民族的血液之中。同时没有人能够否认，古希腊神话点燃了欧洲文明之光，构建了西方的精神家园。英国前首相丘吉尔说过：我宁愿失去一个印度，也不肯失去一个莎士比亚。

文化是发展的基石。忽视了文化的力量，前进的方向就容易偏航，或者出现停滞，甚至要退回到很久以前。一个民族的文化，决定着一个国家的命运。一个学校及个体的未来前程，也必然要受到学校文化的引领与支配。

对于学校而言，学校文化是学校核心竞争力的核心，学校核心力的独特性就在于深厚的文化底蕴、鲜明的品牌个性和特色的教育模式。学校是有生命力的，需要不断地成长与发展，而学校文化就是这个生命体的重要基因。

我们需要的是健康的、向上的、开拓创新的文化；我们需要的是独特的、理性的、与时俱进的文化；我们需要的是发展的、自信的、和谐幸福的文化；我们需要的是能够引领我们走向幸福人生的文化。

几年来，学校着力打造一个能够让师生体验幸福、传递幸福、创造幸福的“引领式”学校文化，践行和丰富“幸福职教”体系建设。

第二节

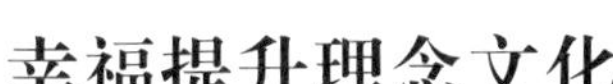

幸福提升理念文化

一、理念文化是学校文化之魂

理念文化是思想、是灵魂，是学校文化的核心，是学校意志的坚强而无形的支配力。

理念文化影响着学校办学定位、治校策略及发展目标，理念反映着学校的办学品味与教育追求。

理念文化是学校发展历史的积淀，这种积淀还会得以传承和发展。对学校而言，要紧的是把握好发展的方向，定位好发展的目标。理念文化的使命就是把大家的思想统一起来，凝心聚力，做正确的事，朝正确的方向奔，并形成好的养成，坚定地走下去。

学校具有57年的历史，在漫长的发展历程中，与命运相依，与时代为伴。学校之所以在50多年后的今天还能在职业教育中具有举足轻重的地位和作用，想想看是不是由于多年厚重的文化积淀、传承在无形地带领我们在正确的航线上不断前行？

“规格人格，至精至善”是灵魂统领、“幸福职教，全国名校”建设目标又将带我们实现更高的人生追求，带我们开启幸福生活的人生轨迹。

二、“规格人格，至精至善”的内涵

“不以规矩不能成方圆”出自《孟子》，该名言流传千古，成为后世人们生活中的格言警句。规矩既是规范、法则，也是标准、尺度。做人有行为规范，做事有游戏规则。《管子·法法》说得好：“虽有巧目利手，不如拙规矩之正方圆也。故巧者能生规矩，不能废规矩而正方圆；圣人能生法，不能废法以治国。”所以，尽管规矩也需要视时立仪、与时俱进，需要不断地修改修订、创新完善，然而却不可以一日无规矩，更不能不懂规矩、不讲规矩、不守规矩。

传统文化意义上的规矩，主要体现在“礼”与“法”两个方面。礼者，履也，礼仪三百，威仪三千，文绉绉的，是软规矩。法者，刑也，人心似铁，官法如炉，威赫赫的，是硬规矩。礼无不敬，法无不肃。礼的核心是敬——敬重，敬畏，表现于对万物的尊重；法的核心是肃——肃然，肃杀，表现于对法律的戒惧。有道是，礼禁未然之前，法施已然之后。

“至精”有两层含义：一是形意上的极致，意指一种极其精微神妙而不见形迹的存在。《吕氏春秋·君守》有云：“天无形而万物以成，至精无象而万物以化。”二是程度上的精细，寓意精妙绝伦的人或事物。《易·系辞上》有云：“有圣人之道四焉……其受命也如响，无有远近幽深，遂知来物，非天下之至精，其孰能与于此?”又《汉书·律历志上》：“铜为物之至精，不为燥湿寒暑变其节，不为风雨暴露改其形，介然有常，有似于士君子之行。”学校办学之本质，正在于示人精华与精细的极致以教之。

“至善”语出《礼记·大学》：“大学之道，在明明德，在亲民，在止于至善。”寓意为学的根本在于修明自身，用自己学问的道和德的成就，亲近人民而为之服务，最终达到完美的境界。它昭示的是一种永不止息、创新超越的“进取”心态，是一种对完善、完美的境界孜孜不倦追求的崇高精神，是一种以卓越为核心要义的至高境界的追求。

第三节

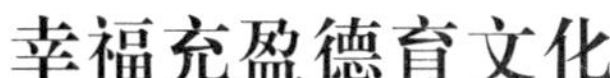

幸福充盈德育文化

一、德育文化的内涵

现代社会中，人们在体力及智力上的差距已经不是很明显，但是在品性及情感方面则会产生较大差距，而要想具备良好的品性就需要进行规格和人格教育，打造学生至精至善的规矩意识和人格责任，这是道德教育的基础，对学生的全面发展具有重要影响。

学校德育文化就是由全校师生共同追求、长期累积形成发展出来的价值信仰、道德规范、行为准则、处事规则等一切有形及无形的、可以传承和发扬的内涵及外在特质的总和。

图 2-1　“立德树人”文化石

为了使德育文化更好地服务于建设幸福学校，学校创新德育模式，构建“幸福职教”体系。根据职业学校学生特点，针对学生学情，以活动为载体，创建具有学校特色的主题德育教育，坚持“一切为了学生，为了学生的一切”做学生教育，以生为本、信任学生、尊重学生、激励学生、放扬学生的个性，充分发挥学生的自主作用。

“不积跬步，无以至千里”，德育文化的建设与培育需要精心，像和风细雨，慢慢浸润，岁岁年年月月，日子久了，定会凝聚成“原子”的能量。

二、关注健康，向学生洒满“阳光”

世界卫生组织对健康作出的定义是：健康不仅仅是没有疾病，而是在身体上、心理上和社会上的完好状态。健康是人成长发育、生活工作的基础，也是人们向往的最佳状态。

青少年是身体发育、心理成长的关键期，对未来步入社会、美好生活具有重要的作用。只有一个阳光向上、积极乐观的学生，才能快乐学习，才能在将来的发展道路上创造幸福。

学校注重学生身体健康，如加强体育锻炼、增强体质，与此同时，通过主题班会、课本情景剧、专题讲座、案例分析等加强学生心理健康的培养，提升学生适应社会、适应生存的能力。教师及班主任把自己的幸福品质与幸福能力，通过言传身教传递给学生，滋养学生健康成长；把自己的幸福之光洒向学生，扬起学生生命之帆。

图 2-2　学生社团活动

三、全员育人，为学生注满“师爱”

瑞士著名教育家裴斯泰洛齐说：“从早到晚我们一直生活在他们中间，我的手牵着他们的手，我的眼睛注视着他们的眼睛。我随着他们流泪而流泪，我随着他们微笑而微笑。”归根结底，学生的幸福人生是由爱开启的，学生的美好人生一开始就掌握在教师的手中。

师爱与母爱同样伟大。母爱给予孩子成长的生命，而师爱给予孩子发展的生命。教师是要持续向学生施爱的，教育的源泉是“师爱”，没有爱的教育是没有生命的教育，只有伴随爱的教育才能带给学生幸福美好的人生。

我们可曾仔细想过，每个学生虽然是班级的“几十分之一”，是学校的“几千分之一”，但对于学生和他的家庭确是“百分之百”，这就意味着家长把对学生未来的全部希望都托付给我们。

学生的成长是有个体差异的，就如同我们不能要求一对双胞胎一起学会走路、学会说话，不能要求一名科学家还会写得一笔好字，不能要求一名艺术家获得游泳冠军，个体差异是永远存在的。

我们一直在坚守着这个信念，在学校学生只有个体差异而无好坏差别，我们必须承认差异、尊重差异，才能更好地服务差异、发展差异，为每个学生提供最适合的教育与关爱。

我们一直在坚守职业良知，把“师爱”浸润到每个学生的心里，多年以后学生也会把那份能够影响他们人生的“师爱”化作深深的怀念与浓浓的感恩。

著名教育家林懋征曾经说过：“世界上没有任何一个人能像老师那样，有那么多双眼睛，看着你、关注着你、模仿着你。听见你的声音是美的，他们也会模仿你发出优美的声音，因此他们会成为你的录音机。看见你的形象是美的，他们也会模仿你作出文明的动作，因此他们会成为你的照相机。最后再经过他们的大脑转换成为计算机。”所以，教师的一言一行都会直接影响着每一个同学，学生往往是教师的翻版。一般来说，你付出的是爱，得到的回报也一定是爱。你付出的是理解，得到的回报也是理解。

在教育过程中，我以一颗仁爱之心平等地对待每一位学生，能够站在他们的角度去体验他们的内心感受，走进他们的情感世界。爱学生从学生心灵深处去爱，时常赞扬学生，为他们而感动。爱他们不仅对他们现在负责，而要对他们一生负责。让每一位学生心情愉快、健康发展。

做人梯——用我们的坚韧，让学生踩着我们的肩膀奔向新的征程；

化春蚕——用我们的才能，让知识的绸缎从我们身上延伸；

当红烛——用我们的忠诚，燃烧自己给人间带来光明。

——节选自丁晓玲老师《春风化雨 润物无声》

图 2-3 优秀班主任事迹报告会

四、发展个性，对学生充满“期待”

苏霍姆林斯基曾说过：“我们的职责是：全面地发展每个学生的个性，发现他的禀赋，形成对艺术创作的才能，以便使他享有一种多方面的完满的精神生活。”在这个世界上，每个人都是唯一，都具有别于他人的思想、爱好、性格、品质、意志、情感等的特殊禀赋，这些个性可以通过他的语言、行为和情感表现出来，个性的存在为世界平添了更多的精彩。

个性的存在源于他们有不同的基因、不同的思想、不同的经历、不同的志趣，不同个性的人在展示不同的精彩，世界也因个性的存在而更加绚丽多彩。人的个性化是客观的、真实而有意义的。

学校充分了解学生的个性，充分尊重学生的个性，通过社团活动（如书法绘画、琴棋歌舞、体育文学等）、艺术演出等发现每个学生身上的“闪光点”，并进行引导教育，用心培养良好个性，激励个性发展，激发个性潜能，帮助学生成为完美唯一，帮助学生树立梦想、走向梦想、实现梦想，对学生成就出彩人生充满期待。

图2-4　学生篮球比赛活动

第四节

幸福和谐人际文化

一、建立和谐关系，提高幸福能力

人际关系是我们在社会实践活动中人与人产生的交往关系。人际关系反映着个体或群体寻求满足交往需要的心理状态。在亲密的、温暖的人和人的关系中，人会心情舒畅，易于形成活泼、主动、积极等特性，并能发扬个人的独特风格。如果缺乏这些条件，或者生活在一个矛盾重重的环境中，就会使人有压抑心情，产生无助感和忧伤感，久而久之，就会变得消沉、冷淡。

良好、和谐的人际关系是一种幸福能力。第一，良好的人际关系能够促进人们共同协作。第二，良好的人际关系能促进人们之间的信息交流和信息共享。第三，通过友好协作的和谐人际关系，人们可以从中吸取力量，增强信心，能促进人们之间思想感情的沟通与交流。

1986 年 3 月 28 日，在日本著名的科学城筑波，有科技人员自杀，至此，已有十几名科技人员在筑波自绝于世了。是什么原因呢？经过考察人们发现：这个完全现代化的科学城，由于建筑间隙过大，每座楼房都被绿茵环抱，彼此几乎隔绝，而且科技人员们人人杰出，不屑与人合作，这使人与人之间的感情交流几乎被降到了最低限度。加上一年一度的科技成果报告会，人们为了各自的“尖端”，彼此封闭，老死不相往来，难以形成充满人情味的人际关系。

二、营造和谐环境，提升幸福品质

良好的人际关系是一个人心理正常发展、个性保持健康和生活具有幸福感的重要条件之一。所以为了推进学校发展和师生幸福，学校通过教研活动、师生同台文体活动、艺术表演活动、竞技比赛活动、环境建设等创造和谐人文环境和美好的生存环境，建立平等和乐、积极向上的人际关系。

图 2-5　“幸福职教”青年教师主题演讲

图 2-6　“幸福同行　一路相伴”师生联欢会

图 2-7　“幸福职教　健康快乐”大合唱比赛

图 2-8　教师徒步活动

图 2-9　学校组织全民健身活动

第五节

幸福主导环境文化

一、环境文化的重要意义

一所学校要想科学、健康发展，想要形成品牌特色，环境文化是必不可少的。环境文化是学校文化、理念和特色等方面的最为直观的体现，而做好学校的环境文化更是要有自身的特点、新意。

苏霍姆林斯基提出："用环境、用学生自己创造的周围情景，用丰富集体精神生活和一切东西进行教育，这是教育过程中最微妙的领域之一。"

学校在环境文化建设中，坚守"学生能做的事情不让老师做，老师能做的事情不让社会做"理念，并把环境文化建设作为"生产性实习实训"的一项内容，让师生共同参与建设，提升的不仅是师生技术技能水平，更重要的是培育学生的"工匠精神"，增强师生的归属感和成就感。

广场是师生们活动的主要场所，是他们放松休闲的好地方。学校把专业文化和历史文化结合起来，用独具匠心的设计、富有含义的内容，影响和感染着师生。

二、“厚重历史”的汽车文化广场

由学校焊接、车身修复专业师生共同设计施工，将老式客车、吉普车、解放汽车、摩托车等进行重新修复，高高架起矗立在广场中。还有用汽车轮毂做成的休闲桌椅及对汽车底盘、发动机等的分部拆装，整个广场充满了浓厚的汽车元素与文化，其中解放汽车已经成为历史文物。汽车文化广场是一种对汽车历史的记载和展示，同时也是汽车文化的延续和传承，学校把汽车文化广场建成了室外汽车文化陈列馆。

图 2-10　汽车文化广场全景

图 2-11　轮毂做成的休闲座椅

图 2-12　学生在了解零件内部结构

三、“古今融合”的轨道文化广场

在轨道文化广场，长春第一辆有轨电车经过车身修复专业师生的整体修复，再由焊接专业师生将其架到空中，成为校园内一道亮丽风景，来校参观的嘉宾都为它具有的历史意义和文化艺术性赞不绝口。学校还把城市地铁、轻轨等零部件进行拆装，每个部件旁边都立有部件功能等相关专业知识介绍。学生在休闲、游乐的时候还能够了解专业文化。

图 2-13　具有收藏价值的长春第一辆有轨电车

四、“放飞青春”的活力文化广场

在短短三个星期的时间里，机加、焊接、车身修复等专业的师生加班加点生产建设，完成了同时容纳 400 余人观看各类演出的活力文化广场的建设工作。活力文化广场的建设从绿色环保、经济耐用、独特美观、安全稳固出发，以防腐炭化木和钢材为主要材料，通过切割、焊接、喷漆等工序建造而成，每逢业余时间，总能够看见学生们聚集在这里，或是舞蹈弹唱，或是欢声笑语，处处闪烁着快乐、青春的光芒。

图 2-14　“放飞青春”活力文化广场

五、“寓意深刻”的“石”文化

“石”文化是学校文化建设中的又一独特景色。校园里的每一块文化石的内容都富有深刻的内涵和意义，并都是由书法名家亲自撰写。学校通过“石”文化建设，宣传传统文化、“匠”文化、现代职教发展特点、“立德树人”根本任务、规矩养成教育等理念，共筑“中国梦”“职教梦”“长职梦”。

香：要让职业教育香起来。香不香，看思想。

亮：要让职业教育亮起来。亮不亮，看质量。

忙：要让职业教育忙起来。忙不忙，看市场。

强：要让职业教育强起来。强不强，看成长。

活：要让职业教育活起来。活不活，看政策。

特：要让职业教育特起来。特不特，看工作。

——教育部党组书记、部长陈宝生对职业教育发展提出的明确要求

图 2-15　校园核心位置“中国梦”文化石

图 2-16　职教“六特”文化石

图 2-17　“规矩　人格　技能　学历”文化石

图 2-18 “匠之摇篮”书法广场

图 2-19 “匠”文化石

2016 年 3 月 5 日，李克强总理在政府工作报告中首次正式提出“工匠精神”。12 月 14 日，“工匠精神”入选 2016 年十大流行语。

2016 年职业教育活动周暨全国职业院校技能大赛，把“工匠精神”直接写进了大赛主题。国务院副总理刘延东在开幕式上说，要把职业教育摆在更加突出位置，与经济社会同步规划、同步发展，与经济新常态下产业结构升级、技术更新换代和大众创业、万众创新的时代需求更加契合。

学校是培养“大国工匠的摇篮”，我们把“为打造大国工匠奠基”作为技能培养目标，以“铸匠魂、育匠心、造匠韵”为主线，贯彻于学生教育教学全过程，通过“匠”文化宣传“工匠精神”，塑造学生的敬业、执着、专注、求精等品质。“工匠精神”，让学校有了“灵魂”，是一种坚定理想信念、崇尚劳动、敬业守信、精益求精、敢于创新、报国成才的方向，也是支撑“中国制造”走向“优质制造”“精品制造”的精神之源。

图 2-20　“百草园”文化石

图 2-21　“锲而不舍”文化石

六、“造型各异”的雕塑

主要以社会主义核心价值观（富强、民主、文明、和谐、自由、平等、公正、法治，爱国、敬业、诚信、友善）为主要内容的雕塑，由数字媒体技术、焊接、车身修复专业师生共同设计、制作和安装，让学生们熟知社会主义核心价值观内涵，通过师生共建，学生从不懂规矩到遵守规矩，养成良好的习惯和品德。

图 2-22　“明德正气”文化石（“以德为先”弘扬正气）

图 2-23　师生共建的社会主义核心价值观雕塑

七、“和而不同”的标准化教室

学校建有 90 多个标准化教室，每个教室采用的是统一的模板和格局，如在固定的地方安放手机收纳袋、手机充电柜等统一设施，体现学校文化的标准和统一性。同时，每个班级由于专业不同、班主任的管理理念不同、学生个性组成不同，每个班级文化由师生共同参与设计，集中展示学校办学理念和文化的同时，结合专业文化特色和学生自主创作，每个班级既有共性，又体现出个性，如旅游等专业女孩子多，班级以温馨、暖色调为主，而汽车、焊机等专业男孩子多，班级以粗犷风格为主。

八、“舒适便捷”的后花园

学校为师生建造了一个既可以闲谈细语、悠然自得的舒适环境，又可以

图 2-24 标准化教室

随时落座阅读，随处可以上网、充电的便捷环境，还可以欣赏鸟语花香的优美环境。学校为了建造美丽校园，栽种了丁香花、松树、杨树、柳树、杏树、桃树、榆树、柏树、白桦、云杉树、核桃树、李树、樱桃树、梧桐树、连翘、刺玫、万年红、马莲花、鸡冠花、勺药、马蹄兰、蜡梅、芸香、荷兰菊、水仙、报春花等几十种植物，种植草坪两万五千平方米，师生在校园里就可以欣赏到春之盎然、夏之热烈、秋之斑斓、冬之沉静。

图 2-25 春之盎然

图 2-26 夏之热烈

图 2-27　秋之斑斓

图 2-28　冬之沉静

图 2-29　休闲、读书、充电功能的廊亭

图 2-30　校园休闲座椅

九、“会说话的墙”

学校让每面墙壁都“会说话”，每幢楼、每个楼层、每级楼梯都有不同的主题，把国学文化、社会主义核心价值观、师生作品、师生活动等充分展示出来。如楼梯温馨提示采用经典国学文化知识内容，走廊文化主题为八德（诚、信、忠、孝、礼、义、廉、耻），国学经典，为人处世道德风范和廉洁文化等。在教学楼走廊，学校把平面媒体、网络媒体、视频媒体眼中“幸福职教”展示到墙上，让师生深入了解“幸福职教”的建设历程。

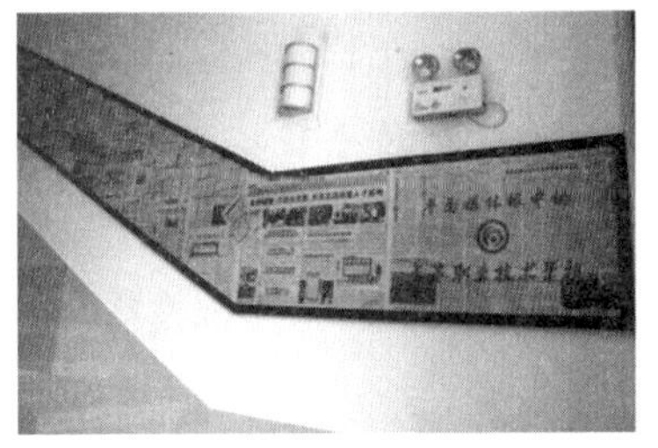

图 2-31　师生共同制作的造型独特的“幸福职教”文化墙

当你听到小鸟叽叽喳喳的叫声，那是它们美好生活的歌词！

当你遇到松鼠在路上跳来跳去，那是它们慵懒缓慢的散步！

当你闻到草的清新和花的暗香，那是它们传递快乐的宣言！

当你看到师生在校园休闲自得，那是他们徜徉幸福的时刻！

第六节

幸福传承传统文化

一、依托文化资源，做好固本工程

孟子曰："我善养吾浩然之气"。对于优秀传统文化的时代价值，我们有一个共识，那就是"讲仁爱、重民本、守诚信、崇正义、尚和合、求大同"，这是中国优秀的传统文化推动文明进步和国家发展最持久、最深沉的力量。可以说，优秀传统文化是我们中国人的骨气和底气，我们要从优秀传统文化中，找到作为当代中国人的精气神，丰富师生的精神世界。

怎样才能让师生在汲取优秀传统文化的过程中，更好地构筑起中国精神、中国价值、中国力量？

对学生思想文化、人格修养的教育不能只依靠教师的灌输和强制，传统文化教育也不例外。为此，我们努力在环境布局的精与雅上下功夫，从浩瀚国学文化中甄选出国学精粹作为校园文化的精神核心。主要选址走廊墙壁、楼梯台阶等场所将，国学与校园文化建设有机结合，建设书法文化广场，以国学精神为内涵，构建文化特色，寓传统文化于环境之中。使学校成为立体的、会说话的“国学读本”，让师生在休闲娱乐、举手投足之间受到潜移默化的熏陶。

a）学校楼梯台阶展示中国文化知识

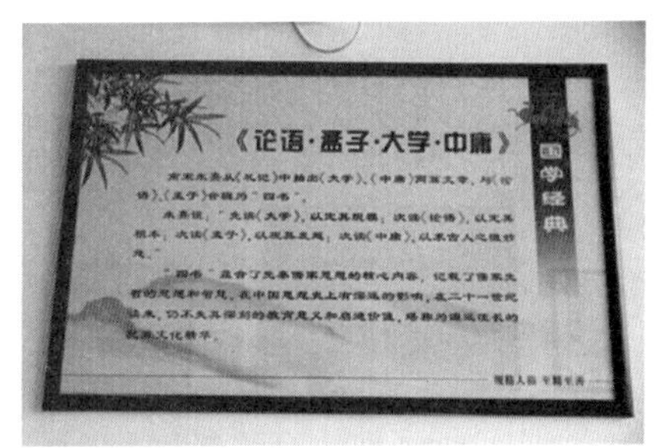

b）走廊墙壁展示国学文化

图 2-32　浓厚的传统文化氛围

二、实施课程开发，做好铸魂工程

中国传统文化重在德育，传统国学教育对修德立身的诠释成为现代学校德育教育的重要补充。以传统文化之长补现代分科教学德育之短，成为当今学校教育的重要任务。学校进行课程开发与校本教材开发，安排具体国学课程时间，采取必修和选修的形式，构建国学课的授课模式。使学生积淀深厚的文化底蕴，最终成为博学于文、约之以礼的谦谦君子。各班还利用晨读时间开展经典诵读，师生们拿着各自喜欢的经典静静地读、轻轻地吟、朗朗地诵，与古人对话、与圣贤交流，整个校园书香盎然，国蕴飘香。

学校每个办公室都根据专业特色，提出相关的名人名言或原创作品，由书法名家、师生共同撰写，悬挂在墙上，对教师进行教育、激励和提醒。

图 2-33　教研室悬挂的书法家及师生书法作品

三、丰富实践活动，做好打底色工程

丰富师生实践活动，通过多种形式开展“传统文化教育”，有常规的教育学科活动，有结合养成教育的系列主题教育活动，在日常的教育教学及活动过程中，学生们的视野、心志、人格、情感、个性等方面均在潜移默化中发生着改变。

开展“文墨书香”书法名家笔会活动、“送一缕书香”书法家捐赠国学书籍活动、书画家进校园活动，在学校掀起学习中国书画的热潮。通过开展“规范汉字书写”展评活动，学生以书法、绘画来表现自己脑海中的诗文画面，培养和彰显学生的创造才能和个性特长。师生共同创作和改编课本剧，把晦涩的古文用表演形式再现和演绎，再现古诗文的意境。建立书法室、绘画室、音乐室等活动场所开展书法、绘画、古典音乐赏析主题活动。

图 2-34　开展丰富的传统文化进校园活动

第七节

幸福融入专业文化

专业文化是职业学校专业建设的核心内容，包括专业起源、专业发展、专业前景、专业特色等内容。因专业的不同，其专业文化也各具特色。学校在对学生进行专业技能培养的同时，在学生主要的学习场所，如教室、实习实训中心，强化专业文化宣传教育，并把专业文化与企业文化、职场文化结合起来，把专业文化与规矩养成教育结合起来，让学生掌握所学专业及行业、企业的文化理念、就业需求、发展前景等情况，进而对自己进行合理的职业选择和规划。

图 2-35　师生共建的电梯实训中心专业文化

图 2-36　汽车实训中心专业文化

图 2-37　渗透到环境中的专业文化

融入企业文化。在建设专业文化工程中，把企业元素和职业特色融入其中，吸纳合作企业的团队协作、严格守纪、双赢发展、诚信经营、感恩等理念，把创业、敬业精神和“工匠精神”渗透到专业文化中，让学校精神与企业精神有机结合，相得益彰。

融入职业内涵文化。实习实训中心是培养学生技术应用能力和综合职业素质的最好场所。开展职业内涵文化宣传，能提升学生诸多素质，如敬业精神、责任心、质量意识、服务态度、合作能力、独立工作能力、团队精神、挫折承受能力等职业素质，使学生的人文精神及健康人格在反复磨炼和熏陶中逐步养成。

融入职场文化。学校本着特色鲜明、多样性、创造性和品牌化的原则，在文化建设中要更多地体现职业认知、职业情感、职业道德和职业技能等职场文化，要以养成职业规矩与生活规矩和社会规矩相结合，培养学生扎实的职业规矩，使学生技能水平和就业能力得到培养和提高，更好地实现企业文化的渗透。

文化的力量是巨大的，就像水滴石穿的故事，坚持下来、持续下去，可以改变一切、可以创造美好、可以实现幸福人生。

第三章

幸福职教
培育幸福的人

第一节

学己所想 构建幸福模式 树立幸福自信

一、教育模式选择自由，给自己的未来准确定位

现阶段，国家的小学、初中、高中都有固定的教育模式。学生只需要按照教学计划、课程标准进行学习即可。只有到了大学阶段，学生才拥有自主选课的权利。

大学选课即允许学生对学校所开设的课程有一定的选择自由，包括选择课程、任课教师和上课时间，选择适合自己的学习量和学习进程。

对于习惯了在中小学所有的课程早已经做好统一安排的初中毕业后即选择就读于中职学校的学生而言，真的能像大学生一样吗？真的可以达到学己所想吗？真的可以根据自身条件及兴趣对教育模式、专业、课程、教师、社团、设备设施等都进行自由、自主的选择吗？

答案就在“幸福职教”体系的建设和践行中。因为在这里，学生可以和大学生一样自由选择，学己所想；在这里，学生将找到那把开启幸福人生的钥匙。

长期以来，在人们的认识和印象里，教学模式始终过于简单、刻板。一提起教学模式，仿佛就只是你讲我听、你教我学。而我们忽略了什么？错过了什么？

我们忽略的是每个学生个体的不同，尤其是中职阶段学生的特点，更是不容忽视。作为职教人，这样一句话让我们深深感动和懂得：“没有一个孩子是可以被放弃的!”

教育的目的是什么呢？教育应该是给受教育者以知识，这些知识可以教育孩子发现自我、肯定自我；教育应该想办法造就一个人而不是摧毁一个人，至少使得他快乐、幸福、不迷失。

中职学生是一个特殊的群体，他们在初中时期，大部分成绩不是很好，甚至有的学生是被个别教师“遗忘的角落”。他们虽然有些缺点，比如不爱学习书本知识、学习习惯不好、行为习惯不好等，但中职阶段的学生却有更为突出的动手能力和实际操作能力，他们有着更为丰富的想象力和创新力。我们创建“幸福职教　全国名校”的办学目标就是不让一个中职学生辍学，办人民满意、社会认可的职业教育。那么针对中职教育阶段的学生，在教育教学中必须采取更为丰富、有趣、直接、多元和实用的教育模式来进行教学，让学生从“要我学”到“我要学”转变。

何为教育模式？教育模式就是人们在充分尊重教育规律的前提下，为提高教育质量和效率而产生的一种相对稳定的，集教育方法、方式、策略、理念于一体的实践模型，是人们对教育进行有效实践而采取的一种策略方案的集合体。

学校有升学型教育模式、技能型教育模式、对接型教育模式，供学生自主选择。

升学型教育模式，为学生打造的是学习升学的“立交桥”。为了给低分数段的应届中考学生提供便捷的升学渠道，学校自 2014 年开始调整策略，主动承办 3 +4/3 +2 衔接计划，联合长春工业大学、长春师范大学、长春大学、长春汽车高等专科学校、长春职业技术学院等省内知名高校联合办学，搭建初中毕业生直升名牌高校本、专科的快车道。

“3 +4”本科衔接模式，“3 +4”本科旨在提高大学生专业技能水平，提升学生就业质量和能力，经省教育厅同意，学校与长春大学、长春工业大学、长春师范大学三所知名高校联办“3 +4”本科实验班，下设汽车服务工程、机械工程、交通工程三个强势专业，学生进入长春职业技术学校学习 3 年，注册长春职业技术学校学籍，修满 3 年转段进入本科院校学习 4 年，学籍转入对应本科院校。7 年学习期间，由衔接试点本科院校牵头，统筹制订一体化的人才培养方案和教学计划，分段组织实施，系统培养本科层次高端技能人才。

“2 +3”高职衔接模式，学生进入学校学习 2 年，注册长春职业技术学校学籍，侧重文化基础知识、专业基础理论学习和基本专业技能的实践操作能力。修满 2 年后转段升入长春职业技术学院学习，学籍同时转入对应高等院校（长春职业技术学院、长春汽车高等专科学校、吉林工程技术师范学院等），修满 3 年后由长春职业技术学校颁发中专毕业证，侧重专业技术技能提升和综合职业能力培养。5 年学习期间，由高等院校牵头，统筹制订一体化的人才培养方案和教学计划，分段组织实施，系统培养高级技能人才。学生完成学制后由高校颁发高职（大专）毕业证。

“3+2”高职衔接模式，学校与吉林交通职业技术学院、吉刚汽贸三家联合打造省内唯一一种“校企院”衔接就业模式，学生进入学校学习3年，注册中专学籍，修满3年转段进入吉林交通职业技术学院学习2年，学籍同步转入吉林交通职业技术学院，学制最后一年，学生到吉刚汽贸顶岗实习，学生毕业后在吉刚汽贸直接就业。5年学习期间，由吉林交通职业技术学院牵头，学校与吉刚汽贸协助，三家单位统筹制订一体化的人才培养方案和教学计划，分段组织实施，系统化培养专科层次高端技能人才。学生完成学制后由吉林交通职业技术学校颁发高职（大专）毕业证。

出国留学的机会，随着全球化时代的到来和“一带一路”的不断延伸，中职阶段的单纯技能教育将越来越限制学生的发展前景，所以学校在稳步发展基础技能教学，强化实习、就业条件的同时，也为学生广开出国交流和出国留学的渠道，以2015年开始的韩国留学为例：学校与韩国全州纪真(vision)大学联合办学，学生在完成三年中职学制后，可以到韩国自由选择继续攻读本科（4年）或专科（3年）。为了减轻学生赴韩的学费压力，学校与九台农村商业银行合作为学生提供低息留学贷款支付第一年出国的相关费用，在韩国期间学生可以通过勤工俭学的方式完成学制并支付剩余学习费用，毕业后由韩国全州纪真大学推荐工作岗位。

技能型教育模式。职业教育是培养企业需要的技术技能型人才，如何衔接好用人企业和学校培养体系是教学工作的重中之重，学校凭借多年的摸索和实践，在原有教育模式的基础上发展出了适合社会需求和企业认可的教育模式。

冠名班模式，中职教育是为企业培养技能人才的，因此就业是学校办学的主要目的，保障就业也是中职学校吸引学生和家长的砝码。如何能让学生有好的就业去向、进入实力强的企业，是学校的动力；而对企业而言，如何招到技能人才、如何保证不出现用工荒更是他们需要提前考虑的问题。在这种情况下，学校联合一大批知名企业共同修订各自所需专业的校本教材、人才培养计划，邀请企业技术人员到校为学生讲解工作岗位上急需了解的专业知识，让日常教学与企业岗位直接贯通，让企业培训与学校教育之间无缝对接，在稳定学校就业率的同时也解决了企业的用人需求，并根据冠名企业的需要，学生在校期间还可以统一考取相应的职业资格证书。

现代学徒制模式，现代学徒制是教育部于 2014 年提出的一项旨在深化产教融合、校企合作，进一步完善校企合作育人机制，创新技术技能人才培养模式，该模式是通过学校、企业深度合作，教师、师傅联合传授，对学生以技能培养为主的现代人才培养模式。将传统的学徒培训方式和现代职业教育结合起来，通过校企合作这个平台，来培养学生的实践工作能力和实现综合素养的提升。与普通大专班和以往的订单班、冠名班的人才培养模式不同，现代学徒制更加注重技能的传承，由校企共同主导人才培养，设立规范化的企业课程标准、考核方案等，体现了校企合作的深度融合。

意义在于增强学生的就业能力，使学生顺利适应劳动力市场的需求，成为企业真正需要的人才。

现代学徒制有利于促进行业、企业参与职业教育人才培养全过程，实现专业设置与产业需求对接，课程内容与职业标准对接，教学过程与生产过程对接，毕业证书与职业资格证书对接，职业教育与终身学习对接，提高人才培养质量和针对性。

学校为增强学生就业能力，推进“双证融合”，即学历证书和职业资格证书。企业参与到人才培养全过程中去，不但提高了人才培养质量和针对性，而且解决了订单企业招工难问题，在学习过程中，可以充分体验这种教育模式，对完善国家现代职业教育体系也有很好的借鉴价值。

专业联动、分流培养模式。经过长期的调研和探讨，根据多年的新生入学情况显示，新生在入学前选择专业时，往往存在很大的盲目性和从众心理，一般是在未能客观深入地了解专业前景、专业特征时就匆匆选定，不仅可能让学生在选择专业一段时间后产生厌学、抵触心理，而且也不利于学生未来的职业发展。所以，学校在原有教学基础上，施行专业联动、分流培养的教育模式缓解这一问题。

新生选择专业后，一年级统一学习相关专业的基础课程，二年级开始根据学生个人兴趣、学习成绩划分专业方向，如汽车专业群，学生入学后统一学习汽车专业基础课程（如发动机理论、零部件拆装等），二年级根据学生平时表现、学习成绩、个人兴趣的不同划分为汽车制造、汽车维修、汽车钣金、汽车营销等不同专业方向，为学生提供更多自由选择的机会。

对接型教育模式。为落实国家关于进一步加强职业教育的有关精神，探索多渠道办学模式，造就大批适应社会经济发展需要的各类技术和管理人才，提升学生的素质与能力，打造办学主体的核心竞争力，学校与初、高中学校及其他职业学校建有长期的合作关系。

职业学校与普通初中对接模式，每到初中毕业季都是中职学校与初中学校的艰难时期，中职学校难的是招生，初三学生在毕业季到来时，一些成绩不好的学生会逐渐自行离校，为中职学校的招生带来了很大的难度。而初中学校也因为无法有效掌控自行离校的初三学生而头疼不已，所以中职学校与初中学校的联合就迫在眉睫。我校与长春五十五中、长春七十四中等初中学校建有长期合作关系，在初三开学阶段，学生可以转入“职普对接班”继续学习，除了基础课程之外，还可以按专业意向学习专业知识，有意向升学的学生就读一年后参加中考，报考学校“3 +4”“3 +2”相关专业，无意向升学的学生完成半年学习后，可以进入春季班提前入学，享受提前半年就业待遇。

与高中学校的对接模式。我校与养正高中、长春二十九中等高中学校联合办学，学生在完成高中学业考试之后，可以根据个人意愿转入“职普对接班”继续学习大约半年时间，期间由学校派遣专任教师讲授专业课程，然后可以通过单独招生考试的形式考入长春职业技术学院对应专业继续完成大专学业，现已有 2 批共 165 人通过这种渠道成功考入长春职业技术学院轨道和数控专业。

职职对接模式。除了初、高中学校外，其他职业学校学生也可以享受长春职业技术学校体系内的一部分优势资源。学校与一些职业学校保持密切合作，如乾安职教中心的学生可以在乾安学习一年之后，转入长春职业技术学校继续学习两年，学生可以自由选择由学校推荐的工作或参加对口升学考试、单独招生考试或高考。

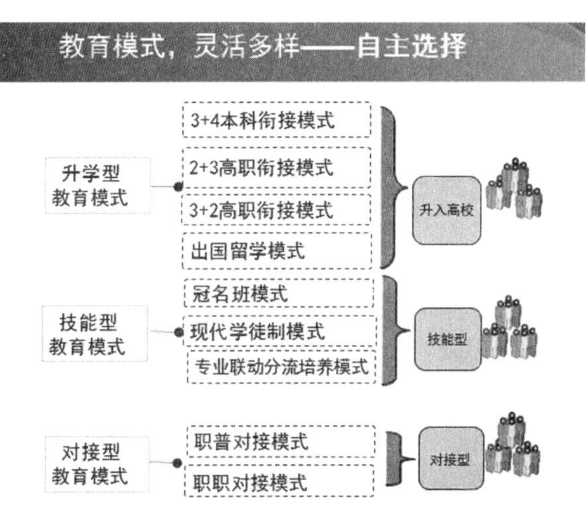

图 3-1　学校教育模式结构图

我校在幸福职教的发展改革进程中，针对学生、家长、教师进行了广泛调研，大家一致认为教育模式灵活多样、给予了学生充分的自主权。在诸多教育模式中，总有适合个人的模式可供自主选择，在选择过程中，充分结合自身的实际情况，按照职业岗位能力需求，规划个人发展方向，避免了盲从，可以尽早规划自己未来的职业岗位，从而为专业服务，提高自己的实际应用能力和解决职业岗位问题的能力，为就业和提升自己储备能量。

升学型教育模式为中考失利并有继续学习深造愿望的学生带来了希望，给学生们再次创造读高职、上大学的机会；技能型教学模式通过教、学、做融为一体的教学，让学生的学习兴趣更浓，动手实践能力和解决实际问题能力更强，提升了未来就业时适合企业及岗位要求的素质和能力；对接型教育模式为原本会流失或辍学的学生提供了新型的学习机会，能学到一技之长；另外，还为已经学得一技之长的中职学生搭建了更好的提升平台，找到最适合自己的发展定位。

通过教育模式选择自由，让学生看到自己的闪光点，发现自己的优势，找到自己的所长，给自己准确定位，改变原有的学习状态和心理状态，继而喜欢上学习、爱上学习，有了明确的方向，就能够看到未来。

二、专业体验自由，培养职业认知

专业体验是学生感知专业、认知职业、培养职业素养的重要途径。为了让中学生能够提前认知行业、了解行业企业科技创新步伐、激发他们的专业兴趣与学习兴趣，我校以现有的 17 个特色专业和优越的实训条件为基础，创建了省内首家“长春市学生校外实践基地”，建设“两个平台，二十个体验中心”和 40 余门课程。在这里，学生可以选择自己喜欢的专业种类，亲自进行操作体验，深入地了解专业。这对学生选择专业方向、规划人生、树立理想、确定人生发展目标具有重大意义。

实践基地以全面贯彻落实“立德树人”根本任务为宗旨，依托学校雄厚的师资力量、先进的教学设备、先进的办学理念和教育手段、优美的育人环境、雄厚的实习实训条件为长春市广大的中小学生提供百余项具有知识性、趣味性、科普性、引导性、实践性的职业认知和体验项目，拥有工业机器人、激光加工、精密加工中心等 20 个实践体验基地。

实践基地采用课程驱动和亲身体验为主的教育模式，充分发挥和调动学生们的主观能动性，提高学生“自信、自立、自强、自理”意识，让学生开阔视野、感悟文化、培养意志、提高素养，在进行选择专业时更清晰、更明确、更主动。教育实践证明，来这里体验的学生们相对其他没有体验经历的学生而言更具优势，人才培养质量也明显提升。

1. 工业机器人体验中心

工业机器人是面向工业领域的多关节机械手或多自由度的机器装置，它能自动执行工作，是靠自身动力和控制能力来实现各种功能的一种机器。其应用领域非常广泛，可用于工业机器人安装、调试、操作、维护、集成应用及设备管理等工作。工业机器人体验中心由国产的华中数控焊接机器人和机械拆装机器人、瑞士 ABB 编程机器人、德国 KUKA 四门两盖机器人生产线四部分组成。通过工业机器人体验中心的课程学习和体验，使中学生能够亲

图 3-2　学生在机器人体验中心学习

身体验工业机器人的焊接、装配、打磨、点胶、搬运、压铸及堆垛等作业，也使中学生对机器人智能在生产实践中的应用有一个感性认识，培养学生职业兴趣，为中学生职业生涯规划打下良好基础。

图 3-3　学生正在运用德国 KUKA 机器人示教器对轿车四门两盖单工件自动加工线进行程序运行、调试体验

2. 激光加工体验中心

激光加工技术被誉为 21 世纪新四大发明之一，作为先进制造技术，已广泛应用于汽车、电子、航空、冶金、机械制造等国民经济重要部门。我校激光加工体验中心是省内中职校中唯一一个拥有先进激光加工设备的实践基地，内设有焊接、雕切、打标、切割、光路调试等典型激光加工、调试及仿真设备，开发了一系列具有趣味性、科学性、实践性及创新性的体验项目为学生

图 3-4　学生在激光加工中心体验动手工作的快乐

提供参观体验，使学生在体验活动中认识一门技术、学习一种技能、尝试一次创新、体验一回成功，在探究中感受快乐、在体验中丰富人生。

3. 电梯安全体验中心

依托我校机电技术应用专业电梯维保方向，占地面积200余平方米，建设投入近百万，有奥的斯、日立等国际一线品牌垂直电梯、自动扶梯和自动人行道共7部，可同时容纳40人进行体验。

学生可在中心教师指导下近距离接触电梯，电梯的结构和工作过程将不再神秘。学生可亲自在电梯系统中设置故障（在老师指导下），以便深入了解电梯、理解电梯的工作过程。通过多媒体课件和视频资料，学生可以生动直观地了解电梯事故的成因，掌握突发情况下的紧急应对方法和措施。

4. 机械制造体验中心

中心拥有吉林省高端数控加工设备，目前有数控车、数控铣、龙门铣、线切割、加工中心、车铣复合等高端数控机床共100余台，供学生参观体验与加工使用。数控加工技术是一门集计算机技术、自动化控制技术、测量技术、现代机械制造技术、微电子技术、信息处理技术等多学科交叉的综合技术，是近年来应用领域中发展十分迅速的一项综合性的高新技术；对国计民生的一些重要行业（军工、航天航空、船舶、IT、汽车、轻工、医疗等）的发展起着

图3-5　学生在体验数控加工的乐趣与神奇

不可替代作用。在体验中心，学生能真实看到最前沿的数控加工，真切体会数控加工所带来的无穷魅力！

5. 沙盘模拟企业经营体验中心

用沙盘的形式，通过筹码推演和角色扮演模拟企业经营过程，营造真实经营的市场竞争环境，让中学生体会企业经营场景，学习资金预算、广告策略制定，找到提升企业运营效率以及创造价值的方法。在沙盘大赛国赛一等奖和省级银牌教练的指导下，透过实战演练，洞悉企业成功的重要因素，培养中学生分析问题的能力和团队合作精神。

6. 茶艺体验中心

以“学习茶文化，体验茶之韵”为目的，让学生通过短暂的茶文化和茶艺的学习，培养对传统文化的兴趣，增长文化知识，体验专业技能，拓宽就业方向，规划职业生涯。茶艺的过程体现中和之美，是和、静、仁、真思想境界的体现，茶艺是一种以茶为媒的生活礼仪，对于学生来说也是内修和内化的过程。茶艺课程不仅可以拓宽学生的就业，增长文化知识，同时也可以培养学生的正确的审美观，促进学生思想道德的修养，提升学生精神境界、净化心灵，更重要的是中国的传统文化需要在教育的不同领域得到发展和传承。

茶艺体验课程主要内容分为四大部分，感受茶文化、学习茶之礼、品鉴茶之味、体验茶之美。通过体验了解中国茶文化的发展历史和茶叶的基本知识，学习中华传统礼仪，正确区分不同茶类，学会不同茶类的冲泡方法，能够完成至少一种茶艺表演。

图 3-6　学生在学习茶艺

7. 急救体验中心

据世界卫生组织统计，全世界每年约有 350 万人死于事故，日常生活中意外或暴力行为而受伤需要治疗的人是上述的 50 ~ 100 倍，有 20% 的创伤患者由于未能接受及时的现场救治而死亡。如身边有人掌握常用的急救技能，并能及时有效地实施急救措施，完全有可能减轻受害者的伤残和痛苦，甚至挽救生命。

学校的急救体验中心具有心肺复苏训练仪、急救包、担架、夹板等紧急救护设备，可完成心肺复苏、包扎、固定、搬运等急救练习。可帮助学生强化急救意识，掌握急救技能，危急时刻显身手，帮助他人，挽救生命，为和谐社会发展做贡献。

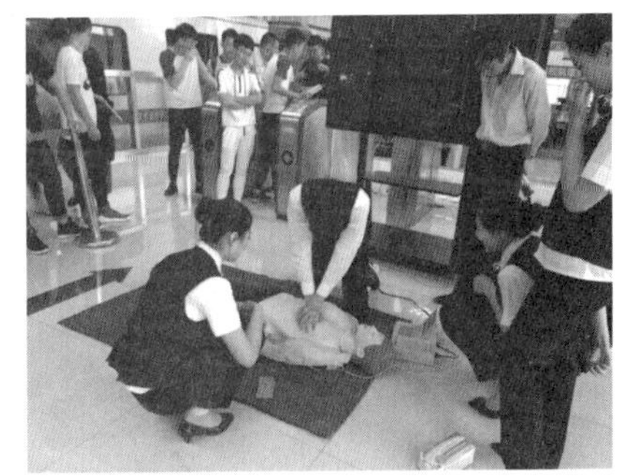

图 3-7　学生在练习心肺复苏

8. 精密加工体验中心

精密加工是20世纪60年代为了适应核能、大规模集成电路、激光和航天等尖端技术的需要而发展起来的精度极高的一种加工技术。

学校精密加工体验中心建于2016年，占地面积约600平方米，配置国际上最先进的五轴五联动立式加工中心一台、四轴四联动卧式加工中心一台、高精密磨床一台、高精密慢走丝床一台、精密三坐标一台、精密磨床一台，工业级数控车床、数控铣床等总价值达两千多万元。

精密加工中心承担了多项吉林省教育厅、长春市教育局和校级课题，精密加工体验中心主要承担教学、科研及高精密零件生产等任务。承担数控加工、数控多轴加工、学生校外活动体验3门课程的实验，生产项目有40多个。

图3-8　学生在专业老师的指导下感受精密加工的神秘

9. 礼仪培训中心

由仪态实训区和仪容仪表模拟区两部分构成。以文化传播和形体训练为载体，结合社交礼仪、商务礼仪等特色课程，通过“严、细、练、变”的培训体验，在短期内提升学生的形象气质，增强优雅仪态的表现能力，培养学生养成良好的礼仪习惯，达到“今天就改变，和昨天说再见”的良好效果，为今后在职场中树立完美的个人形象、彰显良好的职业形象奠定基础。

图 3-9　学生在练习标准坐姿

10. 汽车安全体验中心

重在培养学生兴趣，让学生更好地认识汽车发展对于当今社会的重要性。开设有两大方面的基础设施培训课：一是开设在汽车模拟实习区域的课程，让学生从了解在不同路况及行驶要求下的汽车驾驶基础知识。二是开设在汽车实车动感模拟区域的课程，让学生在实车上感觉其驾驶的直观动感乐趣。在二者的基础上，渗透车况特点及结构特点的重点知识，更好地为所学方向、就业去向及根本的社会生存方向而指明道路。让学生达到“学必会”“会必谦”“谦必让”的技术素养，全方位发展。

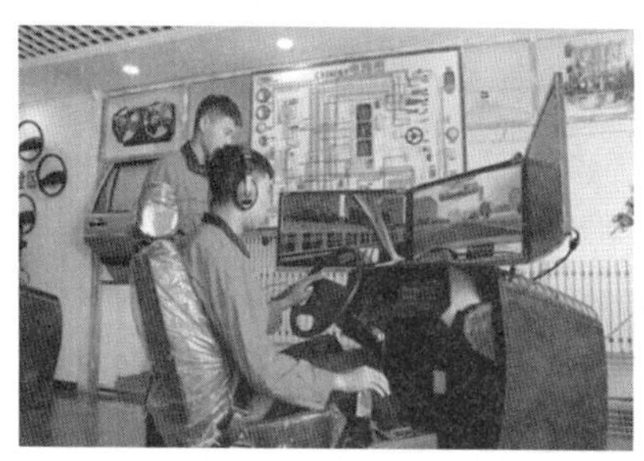

图 3-10　体验驾驶乐趣，在体验中学习安全知识

11. 汽车养护体验中心

总面积 340 平方米，其中包括德系、日系、美系、韩系、法系、国产等 20 余辆用于体验的车辆，配备举升机、扒胎机、换油机、动平衡机等国内外先进的汽车养护用设备、工具以及各类养护用品，可以满足 50 人同时进行体验学习。

学生在体验中心可亲自动手进行汽车发动机系统、转向系统、变速器系统、空调系统、制动系统、舒适系统等各大系统的维护体验操作，多样的体验项目都来源于日常的车辆维护内容，配合多媒体，直观动态地展示各部件在实车上的内部运行状况，有助于学生了解日常汽车维护的内容，体验汽车构成。除此之外，学生可以获知很多关于如何正确维护车辆的小常识和降低油耗的小技巧。

图 3-11　宽敞明亮的汽车维护体验中心

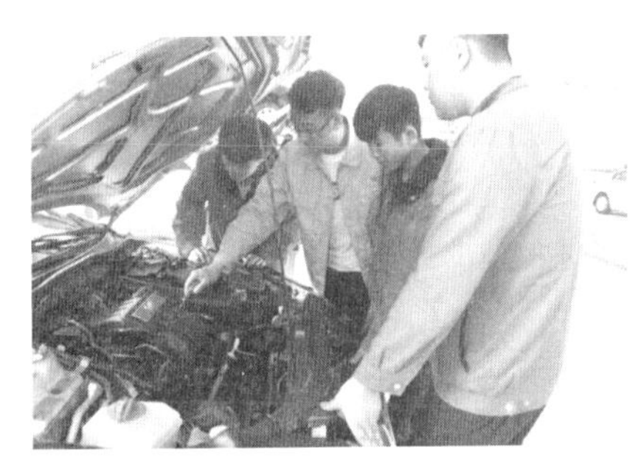

图 3-12　轿车进气系统维护知识介绍

图 3-13　学生动手体验日系丰田轿车轮胎动平衡检测

12. 现代酒店服务体验中心

主要由中餐实训室、西餐实训室、客房实训室以及餐饮包房、客房五部分组成。其中，中、西餐实训室通过营造仿真教学环境，完成餐厅服务的基本职业技能训练、餐台设计方法以及针对餐厅服务员的技能鉴定和技能比赛的训练等；客房实训室能满足客房中式铺床、西式铺床、客房打扫清洁、对客服务等各项专业技能的教学实践和针对客房服务员的技能鉴定及技能比赛的训练工作等。学生在餐饮包房和客房中，通过角色扮演的方式进行轮岗体验，以了解现代酒店服务技能。

图 3-14　体验真实的酒店环境

图 3-15　认真练习中餐摆台技能

13. 现代物流技术体验中心

学校现代物流技术体验中心的建设与现代物流产业发展紧密结合，通过软件与硬件的集成实现对物流企业全方面运作的真实模拟体验。

现代物流技术体验中心充分考虑物流企业运营特点，以现代物流运作为基础，引入先进的企业设备并运用到一线教学当中。能实训企业全部物流核心活动，如装卸、运输、储存、流通加工、包装、配送、物流情报等。学生通过体验，实现角色演绎，使用物流设备：如平衡重式叉车、装卸搬运设备、立体式货架、流利式货架、语音拣选、自动分拣、RF 手持终端、打包加工设备等，配合仓储管理系统搜集物流情报，完成物流作业。

学生通过体验，实现“理实一体化”教学，践行“以学生为主体”“以能力为核心”的职业教育理念，提高学生的物流岗位操作技能。

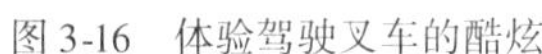
图3-16 体验驾驶叉车的酷炫

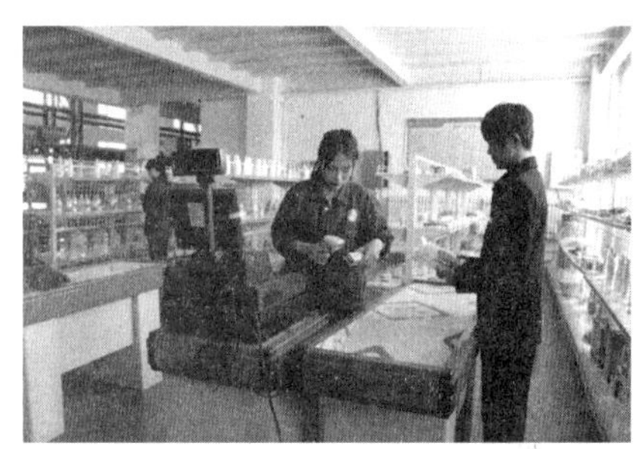
图3-17 练习扫码入库流程

14. 形象设计体验中心

教学环境优雅、设施设备先进、学习气氛浓厚、配备以高端多媒体教学手段和“手拉手”师徒结对的小师傅陪练的实践方法，让学生能够在高品位的艺术氛围中进行学习和创作。

一方面让学生提升自身的形象，另一方面让学生体验童话人物造型、欧式人物造型、公主人物造型、晚宴人物造型、时尚人物造型、民族人物造

图3-18 根据角色做形象设计

型、职业人物造型等形象，让来到中心的学生体验一种高端、优雅、美丽、时尚的形象设计课程，打造完全不同的自己。

15. 机器人科普创新中心

机器人科普创新中心是致力于青少年科技启蒙与创造力培养的校外实践基地，面积300平方米，目前是长春市最专业的机器人培训中心之一，拥有资深教育团队，吸取西方青少年科普教育的优秀教学经验，结合丹麦乐高、makeblock等公司的优质教具，研发推出科普创新项目，形成了一套完整的青少年体验式智能机器人课程培训体系。该体系覆盖12～18岁青少年的学习需求，打造趣味体验中心，学生在团队协作中去探索、去求知、去创造。

开设了四驱小车拼装课程、乐高机器人拼装编程、36氪机器人拼装编程以及OS多关节人型智能机器人的复杂程序编写等课程。教学团队以饱满的热情、专业的讲授、耐心的指导为青少年的发展提供更多的可能性。让学生在快乐中学习、在学习中快乐，为每一个孩子搭建梦想平台。

图3-19　体验智能平衡车和四驱拼装小车调试

爱因斯坦曾说："兴趣是最好的老师"。的确，学生一旦对学习产生了浓厚的兴趣，学习的主动性、自觉性、积极性就会明显增强，且能够使学生的创造欲望在得到充分满足的过程中进入最佳状态。

在这里，他们可以动手、动脑，有听、有看、有实践、有玩、有做，从而对知识增长兴趣，使他们在实践活动中培养创新意识。丰富多彩的体验中心，给学生们带来前所未有的视觉和感觉上的冲击，增强了学生对专业的了解和职业认知，为今后将进入中职学习的学生奠定了良好的职业生涯规划和正确选择专业的基础。

三、专业选择自由，择其所爱

《后汉书・献帝纪》提到："今耆儒年逾六十，去离本土，营求粮资，不得专业。"《文心雕龙・养气》提到："至如仲任置砚以综述，叔通怀笔以专业，既暄之以岁时，又煎之以时日。"《续资治通鉴・宋太宗淳化二年》提到："愿精选五经博士，增其员，各专业以教胄子，此风化之本。"这里所说的专业，指的是专门从事的某种学问或职业。

现代社会里，专业是指在人类社会科学技术进步、生活生产实践中，用来描述职业生涯某一阶段、某一人群，用来谋生，长时期从事的具体业务作业规范。

中等职业学校根据国家建设需要和学校性质设置各种专业，各专业都有独立的教学计划，以实现专业的培养目标和要求。

职业教育提供的各个专业别具特色，能大体涵盖社会上用人单位对人才专业知识的需求，以培养学生的实践技能为指导，职业学校的专业特色就是实用性强，这就是职业学校的品牌特色。

我校现设有交通运输、信息技术、财经商贸、旅游服务、加工制造、农林牧渔6大类17个专业，国家级示范专业4个，特色项目2个，省级示范专业6个（新增汽车、轨道），市级示范专业7个（新增计算机平面、汽车、轨道、数控）。

经过长期的实践和探讨，结合多年的新生入学情况调研，我们发现新生在入学前选择专业时，往往存在很大的盲目性和从众心理，没有客观深入地了解专业前景、专业特征而匆匆选定所学专业。这样的结果是：可能使学生在学习一段时间的专业知识后，产生厌学和抵触心理，将不利于学生未来的职业发展。

初中阶段的学生在中考前平时忙于学习，对自己缺乏一个完整的认识，不知道到底什么专业更适合自己。中职学校对大多数人而言又略显陌生，它既不像重点高中那样离我们这么近，也不像北大、清华那样遥不可及。中职学校的学生毕业之后绝大多数都是从事与所学专业相关的工作，所以选准适合自己发展的专业至关重要。

适合的才是最好的。务实、稳健地选择适合自己的专业才是最正确的选择，选择一个能够提供稳定收入、稳定工作岗位的专业，会让每个学生在毕业后以最快乐幸福的姿态投入到工作中去……

学校的焊接专业并不是最火的专业，相对于汽车、机加等专业而言，每

年的招生人数并不多，大多数家长和学生不会青睐这个专业。然而，却有这样的情况发生：寇同学，初中毕业时成绩不能达到高中录取分数线，确定要到中职学校继续学习。他和家长来到学校的时候，对于中职专业设定并不了解，当他们听完学校的专业设置并认真参观和了解了相关的实习实训中心以后，特别明确而坚定地选择了焊接专业。一方面，是寇同学自己比较喜欢这个行业，虽然很苦很脏，但孩子的舅舅从事焊接行业多年，孩子和家长对这个行业的了解和认知比较好；另一方面，学校通过与德国柏林职业教育集团合作，学生可以参加焊接专业的国际职业资格认证，这是其他学校不具备的条件和优势。所以说，选择专业时，选择喜欢的、适合自己的，将来想要从事的专业，就是最好的。

国家规定，中职学生在入学时一旦选定了专业就不允许再改专业。由于上面所述的几方面原因，可能存在着学生所选择的专业并不是自己最喜欢，或者经过一段时间的学习发现所选择的专业也并不是最适合自己的，那么怎么办呢？学校为这样的学生提供了一个最为合理的解决办法“专业联动，分流培养”。

以汽车运用与维修专业的“专业联动，分流培养”为例来说明和分享学生再次进行自由选择专业的幸福感受。

汽车运用与维修专业的“专业联动，分流培养”人才培养模式即学生入学后不分具体专业和方向，统一进行入学教育、职业生涯规划教育、文化基础教育、汽车专业技术教育、企业参观等学习，培养学生的职业基本素质以及专业知识与技能。学生经过一学期左右的学习与培训之后，由学生选择自己感兴趣的具体专业与方向进行学习。根据学生的意愿及学生的能力和状况，进行考核选拔，选出约 20% 的学生重点培养汽车检测与维修的基本技能，为吉林省一、二类汽车维修企业及各类汽车 4S 店培养急需的技能型专门人才。对选拔出的学生严格地按照汽车运用与维修企业及职业技能标准进行考核评价，考核不合格的学生可以选择到订单班学习，订单班的学生也可以在学习中经考核选择参与汽车运用与维修特色班学习。其余约 80% 的学生则重点根据订单企业职业岗位需求，培养工作技能与职业素质，达到企业就业标准，实现全额就业。

“专业联运，分流培养”下的汽车专业的学生们，会给我们一个个的惊喜，这样的方式极大地激发了学生们的学习热情和兴趣、引入了竞争意识。走进汽车实训中心一楼的整车实训大厅，你就会发现虽然学生们都是十六七岁的孩子，可一旦激发起他们的学习兴趣，其实孩子们的自主学习能力都很强，即使是在休息时间，也能看到孩子们身着工装在认真练习着发动机拆装、四轮定位、整车故障排除等多项作业。把老师课堂上所教的任务、案例一遍遍动手练习、巩固，熟记于心、灵活运用。因为采用的是现场教学的模式，老师在实训现场都有一个小办公桌，下课之后，指导老师多数时间都是在那里备课，这样孩子们有不会的就去问老师，车间里总是能够感到浓浓的学习氛围。

就这样，专业选择自由 + “专业联动，分流培养”人才培养模式，让学生们更加自觉自主地学习，让学习变成一件快乐的事情，幸福的情绪和氛围萦绕在车间的每一个角落，无处不在！

四、课程选择自由，爱其所学

在教育领域中，课程的定义是最复杂、歧义最多的概念之一。宋朝朱熹关于课程一词有："宽着期限，紧着课程""小利课程，大作功夫"等，他说的"课程"既包括礼、乐、射、御、书、数六艺，又包括忠、信、孝、悌等伦理道德，还包括洒扫、应对、进退之节，正心、诚意及修己治人之道，与我们今天对课程的理解比较接近。

在英语中，"课程"（curriculum）一词最早出现在英国著名哲学家、教育家斯宾塞在1859年发表的一篇著名文章《什么知识最有价值》中。这反映了当时人们对课程的理解是一个"学习的过程"。那么，通俗地说，课是课业，也就是教学内容；程，有程度、程序、进程的意思。

兴趣和爱好都与人的积极情感相联系，培养良好的兴趣和爱好是推动人努力学习、积极工作的有效途径。孔子曰："知之者不如好之者，好之者不如乐之者。"这为我们揭示了如何才能"学得好"的秘密，即对学习的热爱，正所谓"兴趣是最好的老师"，当学生对所学知识产生兴趣，就会获得好的学习效果。基于此出发点，幸福职教建设过程中，我校学生"我的课程我做主"。

我校为学生准备了科学完整的课程体系，供学生自主选择。

在幸福职教的教育理论体系之中，依据塑造学生阳光心态、全面拓展学生素质、增强职业意识、夯实专业技术技能基础的教学目标，组织开设符合中等职业学校学生特点的个性化课程，这是课程教学改革的有益探索与尝试，有助于拓展学生的知识与技能、发展学生的兴趣和特长、培养学生的个性、促进教师的专业成长。

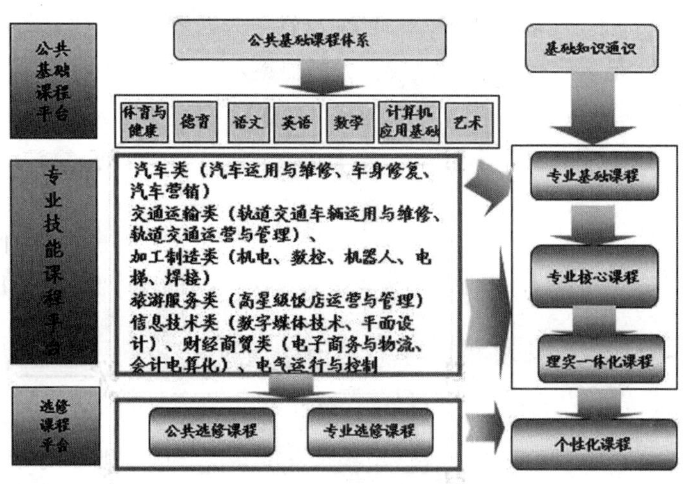

图 3-20 长春职业技术学校课程体系

课程开发的价值取向，着眼于学生的发展，着眼于社会和未来的需要，着力于素质教育，体现教育的本真。为此，我们尝试按照已有的专业课程体系，对课程进行校本化改造，体现鲜明的个性，既符合国家课程规范要求，又超越国家、地方课程统一模板并持续改进。从学生发展愿景、中华优秀传统文化积淀与传承、学校与学生发展的缺失来定位、丰富和完善，不断为学生提供开放性、多样化的学习选择机会和条件。

引导学生选择适合自己的个性化课程，形成有利于培养和提升综合职业素质的课程，根据专业特点，都有适合自己学习和发展的课程。随着专业发展需要，课程可以不断调整和变化，学生从学校毕业后，打上学校课程的烙印，呈现与其他学校学生的比较优势。

个性化课程实施的总体思路：改革公共基础课程，突出专业核心课程、创设理实一体化课程，拓展选修课程，体现不同专业的学生学习有层次、学校课程有特色。开展个性化的教学和活动，不断满足学生的学习需求，促进学生全面发展、快乐成长。

我们的课程创新基于学生成长的需要，促进学生个性发展、幸福成长。创设“三个一”板块式课程架构，不断丰富、不断完善，不断满足学生个性发展需求，为师生个性特长施展提供足够空间。

“三个一”课程设置是指：一门最喜欢的公共选修课程、一门最喜欢的专业选修课程、一门最喜欢的手工制作课程。课程涵盖国家要求的拓展模块选修课程，具体实施将随着学生成长需求的变化而不断调整，体现一个螺旋上升的过程，在“三个一”个性化课程的学习选择中，增加参与程度、提升学习兴趣，通过这些课程的学习、实践与体验，不断完善人格、启迪智慧，形成厚重的文化底蕴、丰富的现代素养和开阔的视野。

让每个学生体验公共基础课程选修课程，精心打造学生喜爱的精品课程。如语文教研组认真研究开发《文学欣赏》《经典诵读》《中国古代文化》选修课程，将学生需要和教师优势相结合，开展课程教学改革，课外阅读纳入课内，对教学进行拓展，从课堂到课外，以其独有的魅力促进了学生中华优秀传统文化以及文学素养的提升。

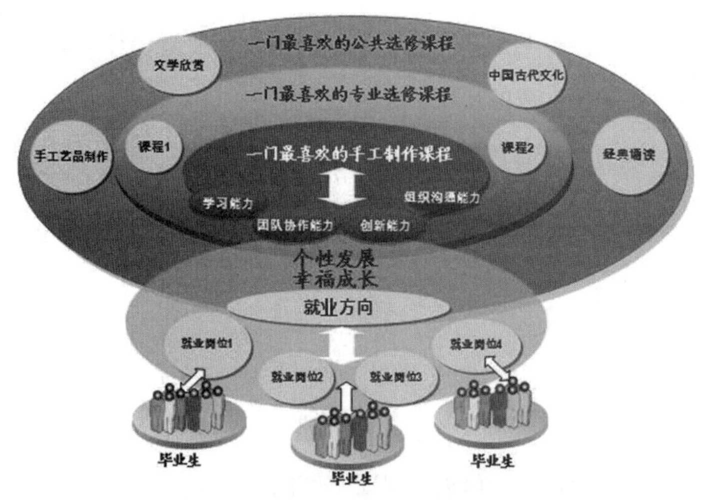

图3-21　个性课程体系

《文学欣赏》《中国古代文化》《经典诵读》《手工艺品制作》是供中职各专业学生选修的公共基础课。选修课程结合学校专业特点，适应时代需要，调整课程内容和目标，变革学习和评价方式，构建具有时代性、基础性和选择性的课程是中等职业教育改革的一项重要任务。课程以现代教育科学理论为指导，充分发挥其促进学生人文素质提升的独特功能，为学生的全面发展提供更大空间，为培养具有科学文化素养的中职技能型人才发挥应有的作用。

讲中国故事，传递中国力量。礼乐教化，立人有仪。诵读经典，构建经典浸润的校园生活，延续民族的核心价值。个性化公共选修课程入校园、进课堂，为学生成长打上规格人格、至精至善的底色！

从大漠孤烟塞北到杏花春雨江南，从山水田园牧歌到金戈铁马阳关，在吟咏千古绝句中，去体味人间百态。

在课程选择上做有益尝试，让学生们自己选择喜爱的课程，我们看到每一个学生神采飞扬、精益求精、自信乐观的样子，学习成为一件快乐的事情，在这样的环境里教和学都变得如此幸福！

五、教师选择自由，良师伴成长

中职学生与大学生一样吗？甚至更加幸福！如果中职学生不但可以自由选择课程，还可以自由选择任课教师，这是不是很酷呢？

中国的教育家从来没有停止过对教学方法改革的探索。孔子的“不愤不启，不悱不发”的启发方式，朱熹的“有疑无疑法”，陶行知的“小先生教学法”，叶圣陶的“精读略读法”，这些教学方法无不凝聚着先贤们的智慧，至今仍有实践价值。在教育教学呈现多元化时代，网络的迅速崛起，我们每个人获取知识的途径越来越多，打破原有课程的基本格局，侧重于实际应用，着眼于引导探索研究也就呈现出迥然不同的差异，思考和研究的内容很多，选择教师上课无疑是教学改革中力度最大、创新含量最高的一项工程。

随着学校的教学改革不断向纵深发展，由学生自主选择授课教师成为学校为学生幸福快乐学习而创造的一项新举措。

首先，自主选择任课教师是学生的需要。我们通过对学生的调查，发现许多学生早就有选择任课教师的愿望，他们对教师的好恶往往会影响这门课程的学习。长期以来，课程表是学校安排的，上课的时间、地点、任课教师是学校指定的，全班统一，学生没有自主选择的权利，只能接受。对一些不感兴趣的课程，学生往往显得被动消极，学习效率很难提高。教师只要完成了规定的教学任务，干好干坏一个样，水平高低都有课上，工资待遇没有差别，没有约束、竞争和激励机制，导致教师忽视对教学质量的研究，教学的积极性、创造性得不到充分发挥。

其次，个性化课程的开发与设计，采取教师推介课程、学生自主选择的方式，不仅是为了激发学生的兴趣，同时也为展示教师个人魅力、提升教师水平、拉近师生距离搭建了平台。许多老师开设的选修课并不是自己所教的主科，而是自己另外的才艺，每个老师都会有各自的兴趣爱好，新课改给了老师们展示自我的机会，也引导学生开拓自己的视野，充实自我。给予了学校教学的自主性，使每位学生有了更广阔的思考空间，这使得学生在选择教师时有了依据和基础。

再次，让学生自主选择任课教师就是为了在满足学生的需求的同时，最大限度地保障学生充分享受应有的权利，也是为了把竞争、激励机制引入教师队伍，使教学改革真正地实现对学生的优质服务。

另外，择师上课也能提高学生的竞争意识。择师的过程使学生意识到：这是一个充满竞争的社会，人只有在竞争中积极应对，才能求得生存与发展，才能在竞争中不被淘汰出局，从而树立良好的学习动机和态度。

适合的才是最好的，我们的学生年龄处于中职阶段，心智发展有着青春期孩子的年龄特征，在择师过程中，我们始终把握学生思维情况，富有个性地及时调整和实施导向，给予最人性化的指导与帮助，学生在浓郁的求知氛围里智力因素与非智力因素协调作用，积极性、主动性、创造性得到挖掘，有序地把握择师节奏，科学而又灵活地进行学习。

通过择师上课新举措，师生进一步明晰了“学而不思则罔，思而不学则殆”的学习之道和“学而不厌，诲人不倦”的教学态度。

这种教学上的新变化，为学校教学带来了新的生机与活力，学生喜欢这种教学形式，自然就会毫不犹豫选择相应的课程和老师。实践证明，在“幸福职教”教学改革过程中，教师的教研能力得到提高，教师教学的责任心和教学整体水平得到提升，学生的个性化学习潜能得到充分挖掘，学习的自觉性、主动性得到激发，形成了良好的教风、学风，学生快乐地学习并充分体悟到自主选择教师而获得的幸福感。

择师上课不仅是可行的，而且还是幸福快乐学习的一项有效举措。中职学生已经具有一定的分辨能力，他们对任课教师的素质有明确的要求。教学态度认真负责、教学方法灵活机动、教学内容新颖、教学信息量丰富、教学语言精辟；妙趣横生、教学气氛活跃，与学生关系融洽的教师深受学生的欢迎，甚至让学生终生难以忘怀。这些都在说明择师上课给学生带来的不一样的体验和感受，学生对教师的认可度普遍上升，学生的到课率大大提高说明择师上课举措效果显著。让学生自己选择任课教师，让自己喜爱的老师陪伴自己成长，很酷！很幸福！

六、社团选择自由，青春在飞扬

青　春

——席慕蓉

所有的结局都已写好

所有的泪水也都已启程
却忽然忘了是怎么样的一个开始
在那个古老的不再回来的夏日
无论我如何地去追索
年轻的你只如云影掠过
而你微笑的面容极浅极淡
逐渐隐没在日落后的群岚
遂翻开那发黄的扉页
命运将它装订的极为拙劣
含着泪，我一读再读
却不得不承认
青春，是一本太仓促的书

每每读起席慕蓉的这首《青春》，都在结尾处泪目。“青春，是一本太仓促的书”，因为那时年轻、率真、简单，又冲动、鲁莽，青春短暂却极致美好，仓促却一生最珍贵！

“盛年不重来，一日难再晨。及时当勉励，岁月不待人。”

正值青春年少的中职学生，在这青春飞扬的美好年华里，什么才是不可辜负？唯有时光、学习和运动不可辜负！

学校在为学生提供了一系列自由、自主选择的学习模式的同时，以学生社团活动为切入点，积极为学生打造一个幸福的、快乐的、美好的学习环境。

社团是具有某些共同特征、爱好的人相聚而成的互益组织。

学生社团是指学生为了实现会员的共同意愿和满足个人兴趣爱好的需求，自愿组成的、按照其章程开展活动的群众性学生组织。是学生自我塑造、自我管理、自我服务的有效形式，是学校教育的有机组成部分，是校园文化的重要内容。

学校社团建设基于发展个性，对每个学生充满“期待”。

在这个世界上，每个人都是唯一，都具有有别于他人的思想、爱好、性格、品质、意志、情感等的特殊禀赋，这些个性可以通过他的语言、行为和情感表现出来，个性的存在为世界平添了更多的精彩。

个性的存在源于他们有不同的基因、不同的思想、不同的经历、不同的志趣，不同个性的人在展示不同的精彩，世界也因个性的存在而更加绚丽多彩。人的个性化是客观的、真实而有意义的。

学校充分了解学生的个性，充分尊重学生的个性，通过社团活动，如书法绘画、琴棋歌舞、体育文学、艺术演出等发现每个学生身上的“闪光点”，并进行引导教育，用心培养良好个性，激励个性发展，激发个性潜能，帮助学生成为完美唯一，帮助学生树立梦想、走向梦想、实现梦想，对学生成就出彩人生充满期待。

（1）合唱社团，担负着提升校园文化，丰富学生课余生活的目的。该社团成立于2009年，现有各年级学生团员50余人。在历年市团委举行的“纪念一二・九学生合唱比赛”活动中，取得中职组特等奖一次、一等奖若干次的优异成绩。

（2）篮球社团，成立于2015年9月，该社团以球会友，训赛结合，凭技称雄。通过举办各种与篮球相关的文体活动和比赛，在学校内推广和普及篮球运动，团结全校的篮球爱好者，为广大学生开展篮球活动的理想平台。以“掀长职校篮球风暴，展长职学子风采”为宗旨，在社团成立的三年中，每年组织一届“友谊杯”与“迎新杯”篮球赛，已成为学校的热门活动和品牌活动。

图3-22　篮球社团

（3）器乐社团，是为了让音乐爱好者，在课余之时，能够享受主宰音乐的快感。音乐可以调理情绪，不管你处于怎样的心理状态，通通交给音乐来梳理。通过社团活动来缓解沉重的学习压力，以良好的状态和心态去学习，有了好心态才能体会幸福、感受快乐。

图3-23　学生参加瑜伽社团

（4）沁墨莲文学社团，成立于2014年5月，坚持“丰富中职生活，提高文学素养，加强锻炼能力”为宗旨，为全校师生提供一个感受文学、品味文学和鉴赏文学的平台。之所以取名“沁墨莲”，就是希望所有参与到文学社活动的学生都能像著名诗人周敦颐先生的《爱莲说》中所说：“出淤泥而不染，濯清涟而不妖”，身处浊世，不与沾染。以文字墨香来熏染和陶冶情操。

（5）舞蹈社团，希望通过舞蹈，培养学生对形体美的展示，同时修炼良好的气质。并通过社团活动加强学生对合作意识的理解，使学生懂得默契与协作的力量。

图 3-24　学生积极参加体育竞赛

（6）舞龙舞狮社团，舞龙舞狮运动是中华民族的文化瑰宝，距今有 2000 多年的历史。舞龙舞狮象征着兴旺和吉祥，富有浓郁的民族色彩和独特的艺术性，是中华民族璀璨文化的精华。舞龙舞狮社团成立于 2015 年，现有队员 20 余人，该社团的活动既能强健的学生的体魄、培养团队精神，更能弘扬传统文化，把龙的精神刻画到学生心里，激发学生的爱国情怀。

图 3-25 运动会上舞狮表演

（7）瑜伽社团，通过专业教练为社团成员们讲解教授瑜伽动作，纠正学生日常生活中一些不利于身体健康的坏习惯，同时还讲解一些有助于减肥的动作，使学生的身体和心理都得到很大的改变。

（8）足球社团，只要是喜欢足球就可以加入到足球社团。学生足球社团内部的氛围很有特色，因为几乎每一个人都有自己支持的球队和喜爱的球员。他们互相学习、互相较劲，这样的社团，让学生们找到自信，学会包容。

图 3-26 足球社团的学生们在集训

让每个学生参与一个自己喜欢的学生社团，塑造自我。为学生打好艺术兴趣与爱好的基础。通过社团活动，营造浓郁的校园文化氛围，可以培养学生特长并服务于学生，通过分层次开展多种形式的学习、训练和展示，以特色项目吸引学生参与，在各项活动中，人人有表现，人人有展示。

在这异彩纷呈的社团组织和社团活动中，孩子们尽情快乐地展示着青春的魅力和精彩，书写着属于他们的青春和经历。我们相信，多年以后，当学生们已经在各个岗位上工作，回想起当年在长春职业技术学校渡过的那段飞扬的年华时，他们眼中一定也会闪着泪光、嘴角微翘，那轻轻暖暖的笑容里，是他们美好青春的印记，不辜负、不错过！

七、设备设施选择自由，青春不荒废、不虚度

一直贯穿在“幸福职教”中的幸福感受如何才会无处不在呢？

幸福很简单，可却又偏偏很难！幸福啊，它只青睐那些懂得感知和珍惜的人。幸福要从好习惯开始，改掉坏毛病、努力每一天、积极阳光地面对学习和生活，幸福才会不请自来。

学校在日常教学和学生课余时间里，紧紧围绕“幸福职教”的幸福理念、幸福感知的条件，更重要的是必须教会学生学会如何“舍”，才会“得”？学会舍下课余时间打游戏、看手机的无聊和虚度，才能更有效地利用课余时间到实习实训中心进行专业知识的学习和专业技能的实训，收获到的不仅是知识和技能，而且还有自制能力的培养以及青春不虚度的成就感和幸福感。

培养技能型人才和高素质劳动者是中等职业学校的教育定位。技能型人才和高素质劳动者的培养离不开企业环境下的教学训练。这就要求职业学校应为学生提供大量的企业真实环境或模拟企业真实环境的实践学习机会。

实践教学是职业学校教学的重要组成部分与关键教学环节。职业学校的实践教学一般包括有实验、实习、见习与实训等形式。

实训，是职业技能实际训练的简称，一般是指学校按照人才培养规律与专业培养目标对学生进行的职业技术应用能力训练的教学过程。具体包括校内实训和校外实训、技能鉴定达标实训和岗位素质达标实训、动手操作技能实训和心智技能实训等。实训，可以为学生构建一个能在较短时间内在不同岗位、工种间轮换，能设定各种训练机会，完成多方面、多次训练的，与企业工作现场十分贴近的环境，往往是职业学校中最常见的实践教学形式。实训的最终目的是全面提高学生的职业素质，最终达到学生满意就业、企业满意用人的目标。

根据专业教学的需要，职业学校的实践教学，通常按专业设置为若干独立的专业技能课程或某些专业技能课程的相对独立部分。近年来，随着职业学校教学改革的深入也出现了融知识学习与技能实际训练为一体的理实一体化课程。某一专业的所有实践类课程构成该专业的实践教学体系，依据本专业的教学计划安排分学期实施。

依据实训室配备的主要设备设施的完善程度不同，实训室所能模拟和开展的职业技能训练项目是不同的。通常，职业学校的实训室都依托本身的实践设备设施配备情况开发系列实训项目，以满足学校专业教学的需要。

目前，我校所有专业都建设有完善的、国内一流的校内实训基地，实训室设备设施配备国内领先，能实施专业教学所要求的所有实训教学项目。

在正常上课时间以外，各个专业的实习实训中心里经常会有学生在练习技能、埋头钻研，即使没有老师在他们身旁指导或教学，学生们那认真专心的样子依旧没有打折。为什么呢？原来，学校实行各实习实训中心开放，让学生们把课余时间充分利用起来，练习专业技能，而不是去上网打游戏、不是聊天虚度时光。

实习实训中心开放是指各实习实训中心在完成计划内教学前提下，利用现有师资、仪器设备、设施条件等资源，面向全校学生开放，为学生提供更多的锻炼动手能力的机会。

如果学生对某些职业技能项目感兴趣或认为某些课内实训项目有欠缺，可以利用实训室开放的时间继续学习和练习。

课余时间进入实训室学习的方式有三个：一是参加职业技能大赛集训；二是参加相关的校内社团活动；三是自主申请预约训练。

在学校里，当你路过每个实习实训中心的时候，你都能够看到学生在认真操作的身影，老师也是不惜牺牲休息时间，针对学生的问题，随时进行辅导和解答。不管是什么时间、不管其他的学生们在玩什么、不管是刮风还是下雨，对于参加大赛集训的学生来说，所有的时间都应该被好好利用。他们早上五点就和小鸟一起起床，开始在实训中心进行专业训练；下午的休息时间他们也不曾停歇过一次；周末时光，其他的学生都在睡懒觉、逛街、玩游戏的时候，他们还是在实训中心里忙碌着、练习着、重复着，一遍又一遍、

图 3-27　学生用课余时间完成的作品

一天又一天……这一幕幕的场景，让老师们感动和欣慰、赞赏和支持。对于每个参加大赛的学生而言，他们最后的参赛成绩已然不是最大的收获，他们最大的收获就是在此过程中的这份坚持、忍耐、认真和不放弃，这是他们今后面对人生中各种问题与挑战时必须具备的良好素质和品质，这些都得益于学校开放各实习实训中心的举措。

“幸福职教”就是要为每个学生的幸福学习和生活创造一切可能的条件，只要学生想学、想用、有需求，按照相关程序申请就可以在课余时间使用学校的实习实训中心，这样才真正实现了学习环境幸福，学习和生活良好氛围的全天候、全覆盖。

幸福，其实更多是时候是一种自我体验和感受。幸福与否，更多的应该是自己的获得感、存在感。在“幸福职教”体系下，打造出的一系列自由、自主选择的结果就是：教学模式选择自由，让每一个学生都能给自己一个准确的定位，知道今后要以何种方式进行学习、目标是什么，然后看到更为清晰的未来，有了方向，就有了努力学习的动力源泉；专业选择自由，让每一个学生在未来职业生涯规划的基础上，选择好最为适合的专业方向，正因为是学生自己选择的专业，所以学生更会以主动的状态开启学习模式，坚定而稳步地迈向未来；课程选择自由，让每一个中职学生像大学生一样，个性化的课程设置给学生带来不一样的学习体验，学习变成一件快乐、积极的事情；任课教师自由选择，是基于爱的出发点，与自己喜欢的人在一起做快乐的事，让学生选择自己喜欢的老师上课，课堂里是欢声笑语、是活泼轻松，在有爱陪伴的课堂环境里，学习亦是一件幸福的快乐的事情；通过社团活动自由选择，来完成学生的真我寻找，开发个性和潜能及特长，让学生自信、阳光，积极、向上；设备设施自由选择时，尤其是开放的实习实训中心的自由、自主选择和使用，教会学生“舍”下不良习惯，“得”到专业技能水平的扎实和提高，让每个中职学生的青春不荒废、不虚度！

“幸福职教”在学校的每一个细节里、在每一位教师的教学和实践中、在每一个学生的亲身感受里萦绕、延续……

第二节

用己所长　创造幸福条件　体验当下幸福

一、开展养成教育　奠基幸福人生

每个人对幸福的理解都会不同，但不同的理解却不会更改人们对幸福的追求。对于幸福，有人感觉它是那么的遥远但又可以临近，是那么的难得但又可以简单，总是奋力追赶，却又不知道幸福就在自己的身边。

泰勒·本·沙哈尔博士的《幸福的方法》明确指出，只要用积极的心态去对待每一件事情，用喜悦和期待的心情去接受每一项任务，那么你就会感到人生更充实、身心更统一，就会感到幸福，幸福一直就伴随在我们的左右。

幸福是一种心境，一种感觉，一种体悟。

幸福是内心的安稳，精神的充实，和谐的情感。

幸福是实现人生追求的过程，不是结果，幸福就在当下。

图 3-28　校园“人格”文化石

1. 养成教育之培养健康人格

培养健康人格是教育的根本目的，在教育过程中，我们坚守分析、判断、解决的原则，培育具有健康人格的人。

人格也称个性，这个概念源于希腊语 Persona，原来主要是指演员在舞台上戴的面具，类似于京剧中的脸谱，后来心理学借用这个术语用来说明：在人生的大舞台上，人也会根据社会角色的不同来更换面具，这些面具就是人格的外在表现。面具后面还有一个实实在在的真我，即真实的自我，它可能和外在的面具截然不同。

人格心理学家阿尔波特说："人格乃是个人适应环境的独特的身心体系"；艾森克说："人格乃是决定个人适应环境的个人性格、气质、能力和生理特征"；卡特尔说："人格乃是可以用来预测个人在一定情况下所作行为反应的特质"。

"人格"具有多种含义。有道德上的人格，它指一个人的品德和操守；有法律意义上的人格，它指享有法律地位的人；有文学意义上的人格，它指人物心理的独特性和典型性。

在心理学上，由于心理学家各自的研究取向不同，对人格的看法也有很大差异。我们认为，人格是构成一个人的思想、情感及行为的特有统合模式，这个独特模式包含了一个人区别于他人的、稳定而统一的心理品质。

人格是人类独有的、由先天获得的遗传素质与后天环境相互作用而形成的、能代表人类灵魂本质及个性特点的性格、气质、品德、品质、信仰、良心以及由此形成的尊严、魅力等。

人格的特征主要有四个，分别是人格的独特性、稳定性、统合性、功能性。

独特性。一个人的人格是在遗传、环境、教育等因素的交互作用下形成的。不同的遗传、生存及教育环境，形成了各自独特的心理特点。人与人没有完全一样的人格特点。所谓"人心不同，各有其面"，这就是人格的独特性。但是，人格的独特性并不意味着人与人之间的个性毫无相同之处。在人格形成与发展中，既有生物因素的制约作用，也有社会因素的作用。人格作为一个人的整体特质，既包括每个人与其他人不同的心理特点，也包括人与人之间在心理、面貌上相同的方面，如每个民族、阶级和集团的人都有其共同的心理特点。人格是共同性与差别性的统一，是生物性与社会性的统一。

统合性。人格是由多种成分构成的一个有机整体，具有内在统一的一致性，受自我意识的调控。人格统合性是心理健康的重要指标。当一个人的人格结构在各方面彼此和谐统一时，他的人格就是健康的。否则，可能会出现适应困难，甚至出现人格分裂。

功能性。人格决定一个人的生活方式，甚至决定一个人的命运，因而是人生成败的根源之一。当面对挫折与失败时，坚强者能发愤拼搏，懦弱者会一蹶不振，这就是人格功能的表现。

据此，根据其特征我们可以在心理学上将人格定义为：是个人在适应环境的过程中所表现出来的系统的、独特的反应方式，它由个人在其遗传、环境、成熟、学习等因素交互作用下形成，并具有很大的稳定性。

稳定性。人格具有稳定性。个体在行为中偶然表现出来的心理倾向和心理特征并不能表征他的人格。俗话说，“江山易改，本性难移”，这里的“本性”就是指人格。当然，强调人格的稳定性并不意味着它在人的一生中是一成不变的，随着生理的成熟和环境的变化，人格也有可能产生或多或少的变化，这是人格可塑性的一面，正因为人格具有可塑性，才能培养和发展人格。人格是稳定性与可塑性的统一。

健康人格应具备一些独有的特质。健康人格要具备和谐的人际关系、积极乐观的心理状态、较强的社会适应能力、正确的自我意识、健康乐观的生活态度、良好的情绪调控能力、积极向上的人生观、价值观等。

健康人格与幸福人生有着紧密的关系。一个人的人格是否健康会影响自身的行为和认知，当人格不健全时，他的行为和认知会出现偏差，这种情况严重的话会出现错误的行为和判断，不仅影响到他自身的生活，而且也可能影响和干扰到身边人的生活。拥有健康的人格不仅是自身的一种幸福，也会感染到周围的人，使大家共同分享欢乐和幸福。

具有积极健康人格的人才能够不断地发展自身潜能、不断地自我超越，从而实现自我价值；具有积极健康人格的人更具有创造性，更容易走向成功；具有积极健康人格的人幸福感会更强，更容易拥有幸福的人生。

可以说，健康人格对自身生活和未来发展有着深远的影响，一个有健全人格的人，可以作出最适合人生和最幸福人生的正确选择。

“万事德为先”，拥有良好的道德品质和具有良好的人格都是做人的基本要求，教育的目的，是培养“人”，是让一个“人”拥有健全的人格，拥有思考问题、判断问题、解决问题的综合能力。“人格教育”对于在基本素质、知识底蕴和处事思想等方面相对弱势的职校生来说，具有更重要的现实意义，也是当前职业教育需要努力去解决和完善的“焦点课题”。因此，学校从根源抓起，在学生一进入学校校门时，就进行以“人格教育”为主题的入学教育，让学生深切感受到这个不同于中小学教育的教育形式和教育内容，并深刻认识到人格在人的一生当中的重要作用。学校把“人格教育”贯穿于整个教育教学过程当中，把校园内同学之间发生矛盾的解决、发生事件的分析插入到实际教学，以此更深入地培养学生优秀的品质。学校把学生日常行为的考评作为就业标准，促进学生的职业选择，建立出口管理模式，督促学生在校期间注重人格培养。

2. 养成教育之规矩养成教育

“规矩养成教育”是养成教育的前提，坚守引导、暗示、提醒的原则，培育真正懂规矩、守规矩之人。

“没有规矩不成方圆”，古人在很早就树立起了对规矩的敬畏之心，很早就有“三畏”之说：畏天、畏地、畏己。不懂得遵守规矩、敬畏规矩的人，即使再聪明，走入社会之后也会必然四处碰壁。规矩是社会的围栏，没有规矩的守护，社会必定一团糟，而无视规矩的人必然会显得和社会格格不入或触犯底线。

中等职业学校的学生长期处在被漠视的状态，由于缺少重视、缺少足够的教育与引导，在他们身上存在规矩意识淡薄、行为举止散漫、道德水准低下等缺失。在校园里，生活垃圾随处乱扔、教室走廊到处乱画、公共物品肆意破坏，不仅使学校教育教学质量和秩序受到影响，更重要的是再纵容发展下去，会给学生埋下违法犯罪的隐患。

学生只有先学会做人，才能做好事，而要想做好人，就得养成良好的规矩，“规矩养成教育”要贯穿教育教学始终。

制定规矩，意识上强化。学校制定出《课堂行为守则》《实习实训行为细则》《日常生活行为准则》《文明礼貌行为准则》等一系列涉及学生学习、生活等方方面面的规则、细则和准则，并在教室、寝室、食堂、实训中心的墙壁、宣传栏等处宣传，时时、处处提醒学生遵守规矩，强化规矩意识。

遵守规矩，行为上转变。技能大赛历来是学校的“拿手项目”，学校平时教学始终将培养扎实过硬的职业技能和职业规矩作为教育教学的核心，在职业技能培训过程中渗入职业规矩和社会规矩的养成教育。学校制定必须遵守的准则，如在上课前首先要将自己的学习用品摆放整齐，统一放到课桌的右上角，公共物品用完放回原处等生活规矩；实习实训课首先要做到工装穿戴整齐，系好领口和袖口、系好鞋带，工具使用完毕之后要摆放到固定位置等。经过学校日常的培养和教育，学生们的实战技能和良好的修养与气质在各类国家级及省级大赛中得到了淋漓尽致的体现和发挥，在各种技能大赛中赛风卓越、成绩斐然，不仅见证了学生们技能的出类拔萃，更见证了学校规矩教育的累累硕果和教育教学质量的提高。

图3-29 文明礼仪

学校还进行了全国独一无二的“规矩养成教育”实验项目，来验证学校规矩教育的效果。学校在制定规矩、强化规矩意识的基础上，为了提高学生守规矩的自觉性，开展了一系列实验。

实验一："书会少么？"学校在校园、走廊设置了读书亭和读书角，上面有专业书籍、小说杂志、动漫图册等书，在明显处张贴温馨提示"如果你喜欢它，请细细地读懂它，浏览之后放回原处。"

实验二："谁弄坏了充电插头？"学校给师生提供便捷条件，同时也是为了学生养成规矩。在校园、走廊、食堂共安置了 20 余处充电加油站，方便师生为手机、电脑充电，同样在明显处张贴温馨提示"如果你喜欢它，请温柔地对待它，使用之后放回原处。"

实验三："电脑笔记本会丢么？"中等职业学校重要的是学习技能，所以学生随时都要学习、了解和掌握专业、行业的信息。学校在公共场所固定的 4 个地方放置了手提电脑，方便学生上网使用和查阅。在明显处张贴温馨提示："如果你喜欢它，请细心地照顾它，及时关闭放回原处。"电脑笔记本属于贵重物品，在校园公共使用，可以说是大胆的尝试。

图 3-30　在书亭前阅读，同时可以给手机充电

对于这样的实验，有的老师心存怀疑和担忧，学生能够做到么？管理的

老师甚至每天都要去查看几次。老师有这样的担忧也是不无道理的，因为有些学生的坏习惯是长期以来养成的，很顽固，可谓是冰冻三尺非一日之寒，而好习惯也不是一朝一夕就能形成的，需要足够的时间和适宜的方法 。

实验周期为一周，每周管理老师都要对物品进行清点和检查，结果在师生大会上进行公布。第一周、第二周、第三周……，每次结果公布后，师生都是一片哗然，都有书本减少、插头损坏、电脑不关机的现象。是什么样的学生做的？是由于爱不释手，还是随处扔掉了？是不小心，忘记了，还是故意而为之？学校各处都有监控装置，想要查个水落石出是件极其容易的事情，但是学校没有那么做。这个时候，学生需要的是鼓舞与信任，而不是苛责的训斥和施压。学校利用课间、早晚自习等时间对学生进行心理疏导与教育，经常性地提醒学生“如果你拿走了它，请你悄悄地把它送回去，要懂得与他人共同分享，其他喜欢它的朋友们会感谢你。”等温暖话语进行心理暗示和提醒。

经过几个周期的实验，书籍丢失、插头损坏、电脑不关机的现象逐渐减少，取而代之的是书籍不仅不少了，而且摆放更加整齐了，插头也规矩摆放了，电脑也及时关机、保持清洁了。

对于规矩养成教育，学校分为职业规矩、生活规矩、社会规矩等，如在实习实训中心，学生就要遵守职业规矩、在公寓校园就要遵守生活规矩、在校外就要遵守社会规矩等。把规矩教育向绵绵细雨一样融入学生日常学习生活中，不断地引导、暗示和鼓励。只有这样他们才会感受信任和尊重，才能真正地认知、了解、敬畏和遵守规矩，真正地把懂规矩、守规矩意识“内化于心，外化于行”，才能因为自己的改变而感受到如遇春雨般的幸福，才能赢得社会认可和他人尊敬，这样的教育经历终会改变他们的命运。

图 3-31　我校学生在全国汽车专业技能大赛上获得冠军

图 3-32　严格按照职业规矩进行实习实训

3. 养成教育之责任意识教育

责任意识教育是养成教育的基础，坚守成长、感恩、奉献的原则，培育对自己、对家庭、对社会负责任之人。

责任就是职责和任务。身处社会的个体成员必须遵守的规则和条文，带有强制性。它伴随着人类社会的出现而出现，有社会就有责任。

责任感是一种自觉主动地做好分内分外一切有益事情的精神状态。责任感与一般的心理情感所不同的是，它属于社会道德心理的范畴，是思想道德素质的重要内容，是衡量一个人精神素质的重要指标。

责任感从本质上讲既要求利己，又要利他人、利事业、利国家、利社会，而且自己的利益同国家、社会和他人的利益相矛盾时，要以国家、社会和他人的利益为重。人只有有了责任感，才能具有驱动自己一生都勇往直前的不竭动力，才能感到许许多多有意义的事需要自己去做，才能感受到自我存在的价值和意义，才能真正得到人们的信赖和尊重。

缺乏责任意识是当前职校生普遍存在的不可忽视和回避的思想问题，因此进入职校的重要一课便是让学生体悟到“责任意识”的重若千金，也只有通过全面、系统、丰富的“人格教育”才能唤起职校生对“责任”的重视和履行……，让学生们知道什么是对自己负责、什么是对学业负责、什么是对技能负责、什么是对将来事业负责。学校以点带面，带动所有学生，让他们进行自我管理和自我完善，同时给他们机会参与到学校管理中，让学生建立对自己负责、对家人负责、对社会负责的观念，增强责任意识，提高社会责任感。

学会求知，对自己负责。有位著名的诗人曾说过：你是自己命运的主人，是自己灵魂的领航人，要过什么样的人生就全看你自己。这句话深刻地阐述了：人，所做的一切要为自己负责，一个人唯有对自己的人生负责，他才可能成长为社会有用的人，才可能承担起对家庭和社会的责任。学校以“把学好知识与技能作为一种责任”为基点，让学生把练好技能为己任，掌握生存发展的本领，对自己未来的发展负责。

学会感恩，对家庭负责。现如今，学校的大多数学生都是独生子女，从小是在众人万般宠爱之下长大的，自我为中心的意识极强，只知道索取，不知道付出，只认为别人爱他天经地义，却不知道去感念他人恩情。这样的孩子，在家里由于家人的包容与忍耐，尚可正常生活，可是一旦步入社会，将会四处碰壁，很难适应和融入集体之中，不仅个人的生存出现问题，还会给家庭带来沉重的负担。

感恩父母养育之恩。人初生时，饥不能自食，寒不能自衣，父母乳哺之、怀抱之。有疾，则为延医诊治。及年稍长，又使入学。其劳苦如此，为子女者，岂可忘其恩乎？父母养育之恩重如泰山。

百善孝为先，结合传统文化建设，以“孝”为本，开展“讲述我的妈妈（爸爸）”微型小故事创作活动、“陪父母看场电影”等活动；在母亲节、父亲节开展“妈妈（爸爸）您辛苦了”演讲活动，“你有多久没给父母打电话了？”“你有多久没回家看望父母了？”调查问卷活动等，让学生常忆父母情、常怀感恩心，勇于承担家庭之责。

学会奉献，对社会负责。学生存在于社会，其个体的成长过程，不仅包括自身的发展，而且也是一个逐步被社会化的过程。长期以来，学校以认识为先导，对学生进行社会责任感的培养。在教育的方法上以甘于奉献为重点，让学生自觉地承担起分内分外的责任、让学生勇于且乐于承担起应尽的社会责任、让学生勇于担起实现“中国梦”之责。

4. 养成教育之树立人生自信

树立人生自信是养成教育的核心，坚守鼓舞、尊重、信任的原则，培育对未来幸福充满信心之人。

土耳其谚语说：每个人的心中都隐伏着一头雄狮。中国古语说：人皆可成为尧舜。这些话道出这样一个基本真理：每个人都有机会成功、都有可能拥有幸福人生。

自信心是一个人能力的支柱，是人成功融入社会的基础，是一个人获得幸福的内在助推器，它能够使弱者变强，使强者更健。只有自信的人才有可能在成功的路上飞速前行，而缺乏自信的人则一定是步履蹒跚、举步维艰。对于青少年来讲，树立自信心，用自信激发出自己内在的潜能和勇气是开启幸福人生的第一步。

学校在教育教学的过程中发现一个奇怪的现象，学生无论是开会、比赛还是观看表演，都是先坐在会场的后面，而后来的学生是在迫不得已的情况下才坐到前排；布置任务时，学生常把“我能行吗”“这也太难了”“我做不了”等信心不足的话挂在嘴上，这种现象说明学生是消极和自卑的，缺乏主观意愿和主观能动性。这使我们陷入深深的思考之中，怎样让这些学生重获信心，给他们一把打开潜能、实现自立的钥匙？

“给自己一个微笑，我是最棒的”。学生在每天早晨起床和睡前都要对自己默念“我是最棒的，我能行”。通过这种经常性积极的心理暗示，对于自信心的树立起到积极的促进作用，鼓舞学生的斗志，增强内心力量。

“永远坐在前排”。一个简单的行为反映的是一个人内心的认知，敢于坐在前排是一个积极进取、勇于面对的人生态度。学校在每次集体活动中都设立奖“勇者奖”，激励学生走出怯懦、敢于面对。

“我就是校园明星”。每个个体都有特殊的个性、特有的长处。学校注重发现每个学生身上的闪光点，为他们提供展示舞台，无论是琴棋书画、体育比赛、舞蹈唱歌，还是主持创作、创造发明，每个学生都可以在属于自己的才艺世界里尽情发挥。当他们发现自身的优势的时候，常会有一种优越感、一种自我认可和自我肯定，这种积极心理会促进他们自信心的树立，促进他们向着更高、更好的方向去追求和努力。

“挑战极限，超越自我”。人在被充分信任的时候往往能够产生强烈的自信心、丰富的创造力和巨大的勇气。

学校坚守“学生能做的事情不让老师做，老师能做的事情不让社会做”。对学生给予充分信任，把学校全面向学生开放，让学生参与学校建设，让他们去做过去不敢想、不敢做的事情，让他们在被信任中挖掘潜能。在学校提出“学生能做事情的不让老师做，老师能做事情的不让社会做”这一理念初期，是面临很多的顾虑的，如成本、工期延长等问题。但是，教育需要实践过程和耐心守候，我们相信，播撒信任，收获奇迹。

在学校文化建设过程中，数字媒体技术专业师生进行艺术设计，焊接、机械加工专业师生进行制作和安装；在实习实训中心（机电实训中心、电梯实训中心、汽车培训基地）建设中，焊接专业、车身修复专业的师生全程参与施工；在学校形象工程建设中，如校园雕塑、校容校貌等，由焊接专业、机械加工专业、车身修复专业、数字媒体专业师生共同协作完成。在学生把学习和实践紧密结合过程中，他们克服了心理障碍、克服了独生子女娇生惯养的习性，学会了合作、学会了勇敢与挑战，在他们被晒得黝黑的脸上绽放的是充满自信的、灿烂的笑容。在生产性实践教学中，他们由起初不敢做、不愿

图 3-33 学生在认真进行生产性实习实训

做，到积极主动和老师共同设计建设。在这个过程中，他们实现了从“我不行”到“我能行”的蜕变，实现了自我超越，获得了人生自信。

自信可以让人更好地面对社会挑战、更好地创造和谐人际关系、更好地挖掘自身潜能、更好地实现人生价值。自信可以撑起我们的幸福人生。

5. 养成教育之“工匠精神”教育

“工匠精神”是养成教育的主线，坚守执着、规范、严格的原则，培育爱岗敬业、精益求精之人。

新时代，实现中华民族伟大复兴的中国梦，物质财富要极大丰富，精神财富也要极大丰富，只有物质文明建设和精神文明建设都搞好、国家物质力量和精神力量都增强、全国各族人民物质生活和精神生活都改善，中国特色社会主义事业才能顺利向前推进。事实上，“工匠精神”的发展程度，同一个社会的物质文明、精神文明的进步程度都直接发生着关联。从精神文明来看，“工匠精神”作为一种职业精神，在本质上它是同社会主义核心价值观，特别是同其中的“敬业”“诚信”要求高度契合的。从物质文明来看，“工匠精神”在物质文明的创造过程中可以发挥强大的精神动力及智力支持作用。

2015 年 5 月 8 日国务院正式印发《中国制造 2025》，提出了中国政府实施制造强国战略第一个十年的行动纲领。中国要迎头赶上世界制造强国、成功实现中国制造 2025 战略目标，就必须在全社会大力弘扬以“工匠精神”为核心的职业精神。只有当敬业、精益、专注、创新的“工匠精神”融入教育、培养、生产、设计、经营的每一个环节，实现由“重量”到“重质”

的突围，中国制造才能赢得未来。

职业教育是培养职业技术技能型人才的主要阵地，职业教育在培养学生的过程中，弘扬和践行“工匠精神”，让学生养成忠于职守的职业精神就更显得尤为重要。

“工匠精神”是一种职业精神，它是职业道德、职业技能、职业品质的体现，是从业者的一种职业价值取向和行为表现。

“工匠精神”的基本内涵包括敬业、精益、专注、创新等方面内容。

敬业是从业者基于对职业的敬畏和热爱而产生的一种全身心投入的认认真真、尽职尽责的职业精神状态。学校在第一课中，老师带领学生最先确立好“敬业”意识，以此来引领学生爱自己的所学专业，并以敬业的态度来学习专业，在实习实践中以“工匠”的精神来指导自己去完成专业技能的实习实训。

精益就是精益求精，所谓精益求精，是指已经做得很好了，还要求做得更好。正如老子所说，“天下大事，必作于细”。比如瑞士手表得以誉满天下、畅销世界、成为经典，靠的就是制表工匠们对于每一个零件、每一道工序、每一块手表都精心打磨、专心雕琢的精益精神。

专注就是内心笃定而着眼于细节的耐心、执着、坚持的精神，这是一切“大国工匠”所必须具备的精神特质。专注其实也是一种执着，即一种几十年如一日的坚持与韧性；是“术业有专攻”，一旦选定职业，就一门心思扎根下去，心无旁骛。其实，在中国早就有“艺痴者技必良”的说法。古代工匠大多穷其一生只专注于做一件事，或几件内容相近的事情。《庄子》中记载的庖丁解牛、《核舟记》中记载的奇巧人王叔远等大抵如此。

创新，“工匠精神”强调执着、坚持、专注甚至是陶醉、痴迷，但绝不等同于因循守旧、拘泥一格的“匠气”，其中包括着追求突破、追求革新的创新内蕴。既要对职业有敬畏、对质量够精准，又要富有追求突破、追求革新的创新活力。

学校把学习“工匠精神”作为入学第一课。专业老师的第一个教学任务就是带领学生们了解自己所学的专业是什么、将来要做什么、怎样才能做好？让学生对所学专业有所了解，树立好学习目标，并准备好向着目标努力前行。思想决定行为，有了明确的认识和目标，学习才会更加有韧劲、有方向。

在第一课基础上，学校把“工匠精神”贯穿于教育教学全过程。学校聘请技能大师和能工巧匠作为客座教授来参与和指导相关专业的教育教学活动。

例如，我校汽车专业聘请了一汽的王洪军作为我们的客座教授。王洪军是国家科技进步二等奖获得者、中国第一汽车集团公司钣金整修工。2008年，我国首次在工人中评选国家科技进步奖，中国第一汽车集团公司一汽-大众有限公司员工王洪军在全国近千名候选人中脱颖而出，成为我国一线工人中获此殊荣的第一人。2007 年 2 月 27 日在北京人民大会堂召开的国家科技奖励大会上，他光荣地登上了领奖台，受到了国家领导人的接见。王洪军发明制作了钣金维修工具 40 多种共 2000 多件，提高了轿车的产品质量；创造了 123 种钣金修复的方法，被命名为“王洪军轿车钣金快速修复法”，提高了轿车生产的效率；掌握了国际最高等级Q1标准的展车制作工艺，替代外国专家自做展车。近5年来，为企业创造经济价值3400多万元。

王洪军爱岗敬业，技艺精湛，勇于创新，善于解决技术难题；他甘于奉献，永不服输，带出了一支优秀团队，在平凡的岗位上，作出了非凡的业绩。王洪军是中国工人阶级的杰出代表，是产业工人的时代楷模，他就是我们身边的“大国工匠”。

工匠就在学生的身边、眼前，就在学生的学习和实践中，这种最为具体、更为形象的工匠教育会点滴入微地渗透到学生的学习生活中，给学生以最为具象的榜样力量与引领。

营造弘扬“工匠精神”的环境与氛围。学校从教育的每个细节入手，认真打造极具“工匠精神”的校园环境和氛围。现今科技飞速发展，工匠似乎远离我们而去。但是，实现中华民族伟大复兴的中国梦，不仅需要大批科学技术专家，同时也需要千千万万的能工巧匠。更为重要的是，“工匠精神”作为一种优秀的职业道德文化，它的传承和发展契合了新时代发展的需要，具有重要的时代价值与广泛的社会意义，学校也将“工匠精神”教育作为中国传统文化进校园的一个方面来实施与落实。

在中国的文化传统里，工匠在古代等级社会中一直处于社会下层，在“士农工商”的职业排名中，工匠往往不入统治者的“法眼”。唐宋以后，手工业者身份地位有所提高，但封建王朝依然奉行“重农抑商”的基本国策，将工商业视为末业，对工商业者进行压制。元代又开始通过严格的“匠户”户籍制度对工匠进行种种限制和奴役，使工匠一直难以获得与普通劳动者平等的社会地位。特别是儒家主流思想向来强调“万般皆下品，唯有读书高”，倡导“君子不器”，轻视职业技能教育，认为匠人们营营役役都是些奇技淫巧，君子应该修齐治平，不为物役。而当代中国虽早已是世界工厂，但社会和企业依然缺乏对工匠和“工匠精神”的重视和尊重。反观欧美文化，古时的出色工匠，可以跟艺术家和作家齐名，地位是非常高的。在全社会形成尊重工匠、崇尚“工匠精神”的氛围，其实质是对劳动、知识和创造的尊重。这既是培育和弘扬“工匠精神”的必要条件，也是社会文明进步的重要表征。这是我们职业教育培养“工匠精神”所需要的社会大环境、大氛围。

首先，在校园环境建设中融入“工匠精神”。一草一木见精神，一砖一瓦都有情，学校的教学楼、图书馆、读书亭、文化广场等场所，每一面墙壁都会说话，每一处风景都能育人，充分发挥了校园文化建设的育人功能。学校把行为规范、思想道德教育等内容贯穿到学生喜闻乐见、积极参与的校园文化生活当中，让校园成为熏陶学生气质品性、提高学生自信心的极乐净土。

在各个教学楼、宿舍楼、实习实训中心，利用走廊挂画、报纸剪辑等来宣传“工匠精神”，图文并茂，简单直观。在校园里随处可见的雕塑、各个主题文化广场中融入“工匠精神”，比如学校的汽车文化广场就是由汽车专业老师及焊接专业老师带领学生亲自设计、亲自动手建成的。“工匠精神”不只是在理念上融入教学，还在教学实践中让学生通过亲自参与自己动手完成来体会什么才是“工匠精神”。

图 3-34　书法名家为汽车实训中心题字

图 3-35　配有充电插头的“匠”字图书架

图 3-36　矗立在实习实训中心的“为大国工匠奠基”

其次，以组织学校的老师与学生共同参与各种活动为载体来培养教师与学生的“工匠精神”。比如征文活动、演讲比赛、社团活动的组织，在这些活动中融入“工匠精神”。我们的年轻老师在“工匠精神”的演讲中以特别又生动的视角诠释了“工匠精神”，这样的活动不只是对学生们进行的一次教育，也是对所有教师的一次教育。

作为未来的职业技术技能人才主力军的每个中职学生，在社会大环境和校园环境都在弘扬和继承“工匠精神”的氛围里，才能真正领悟“工匠精神”，才能在未来的职业生涯中去实现它、拥抱它、传承它。

二、滋养教师成长 铺就幸福基石

苏联教育家别林斯基说过："教育者是多么伟大、多么重要、多么神圣，因为人的一生幸福都操纵在他的手中。"孟子说："君子有三乐，而王天下不与存焉。父母俱存，兄弟无故，一乐也；仰不愧于天，俯不怍于人，二乐也；得天下英才而教育之，三乐也。"

早在中国先秦时期，荀子即将教师地位提高到与"天地君亲"相并列的高度，要求统治者"贵师而重傅"。其后，中国人也一直认为教师"有父之亲，有君之尊"。

习近平总书记说过："一个人遇到好老师是人生的幸运，一个学校拥有一个好老师是学校的光荣，一个民族源源不断涌现出一批又一批好老师则是民族的希望。"

知识链接

以色列人认为，在发生大火或其他灾难时如果只能带走一样东西，这件东西不是珠宝，而是书本；如果只能救一个人，这个人不是自己的亲人，而只能是自己的老师。可以这样说，以色列之所以历经磨难而屹立于世界之林，以色列人之所以能够在思想、科学、商业上令世界刮目相看，秘密即在于他们对教师重要性的充分认识。

在当代，许多人都说教师是"太阳底下最光辉的职业""教师劳动创造着民族和人类的未来"。教师这个职业也正越来越受到全社会的羡慕与尊敬。

因此，教师被认为是一种幸福的职业。

为人师者，不仅仅是传递文化，还要传递幸福，把学生培养成为真正意义上的人。好老师都有一些共同的、必不可少的特质：品德高尚的师道、素养全面的专业、独特多远的个性、和谐幸福的生活。很难想象，一个内心没有幸福感的教师会不断探索教育改革的真谛、会不断寻求个人发展、实现教育的价值、培育幸福的学生。因此，要想培育出幸福的人，教育者首先要懂得发现幸福、播种幸福、品味幸福、传递幸福和创造幸福。

有幸福感的教师必然能打造幸福的人生，必然能造就幸福的学生。

教师幸福感，简单地说，主要是对职业的幸福感受，是在教学中获得的专业满足感、成就感、快乐感和使命感。教师的幸福来源于在职业发展中实现自身的人生梦想和价值追求，才能感受到职业带来的幸福感。

调查研究

很多研究都证明职业对于幸福感的提升非常重要。曾有人说：

如果你想幸福一小时，就喝杯美酒吧；

如果你想幸福一天，就去钓鱼吧；

如果你想幸福一周，就去杀一头猪吧；

如果你想幸福一月，就去结婚吧；

如果你想幸福一生，那热爱你的工作吧！

几年来，学校立足职业教育特殊性，把提高教师的业务水平和实践能力摆在师资队伍建设首位，打造一支具有阳光心态、创新意识和合作精神的学习型、成长型的教师团队，把打造专家型教师作为教师的培养目标。

让教师在快乐中工作，享受当下幸福；让教师持续发展，创造幸福未来；让幸福教师培育幸福学生，传递幸福感受；让教师过上一种幸福完整的教育生活。

（1）享受职业，帮助教师树立正确的幸福观念，增强幸福感。一个人只有以享受的心境对待职业，才可能获得职业幸福。教学是教师发挥潜能、施展才华、享受职业的沃土。离开教学，教师将一无所有、一事无成，更谈不上真正意义上的幸福。

为了提炼出镭，居里夫妇倾注了大量的心血、智慧、体力甚至付出了生命的代价，他们在一间夏不避燥热、冬不避寒冷的破旧棚屋内，从事着脑力加苦力的劳动，在 1898 年到 1902 年里，废寝忘食，坚持不懈，终于从几十吨铀沥青矿废渣中提炼出十分之一克纯镭盐并测定了镭的原子量。

人们大都会用坚忍不拔、牺牲精神、呕心沥血等词语来赞美居里夫妇。其实，这种赞美并没有真正理解科学家的境界与情怀，在居里夫妇那里，这是一种享受、是一种幸福、是一种陶醉！

2007 年 9 月初的一天，在经过了近两个月的学习和培训之后，我第一次走上了真正属于我的讲台。我紧张地跟我的第一批学生介绍自己，介绍我即

将要讲授的那一门课，我小心地把那些晦涩的术语尽量讲得通俗，看着他们满是新奇的眼神，就好像我正在为他们的人生打开一扇充满光明的门。第一次课的效果很好，而让我感到自豪的却是下课后看到自己双手上沾满的粉笔灰，我感觉我能够为这些不被认可的孩子做一些有意义的事，我找到了我的价值，找到了我的乐趣，我爱上了这个讲台，爱上了这个职业，我希望我能一直站在讲台上。

——电梯专业郭英平老师《立足本职　开拓进取　做大国工匠传承人》

图 3-37　优秀教师事迹报告会

只有把职业当作享受的人，才可能心甘情愿地废寝忘食、坚持不懈，那是一种享受职业的痴迷状态。如果我们能够以享受职业的态度对待我们的工作，把事业和生活融为一体的人一定是幸福的。

（2）创造平台，成就教师超越自我的人生梦想，增强获得感。追求做最新的自己，不要重复自己，要超越自己。

一是发挥示范作用，实现团队共同进步。采取师徒结对、以老带新等方式着力培养青年教师。要求每一名骨干教师结对帮扶青年教师，从学习、工作、生活上进行关心帮助，促进其尽快成长。开展优质课比赛，要求每位骨干教师上一堂优质课，对青年教师进行言传身教。

二是出台奖励机制，鼓励教师提高职业能力。以教学质量的提高为中心，不断创新教学质量评价机制和奖励机制，鼓励教师通过业务进修、研发教材、学历提升、技能竞赛等方式不断提高教学水平，促进教育教学质量的提高。在评先晋级、职称评定、教育活动中发现、培养骨干力量，激发广大教师的责任感和使命感，

三是创设优越条件，促进教师可持续发展。聘请行业专家、名师和技术能手根据行业发展和教学需求进行校本培训。有计划地选派教师主动参加国家职教学会举办的各类教师培训和参观考察，让教师学习掌握全国一流的教学水平。学校与高校、企业联盟合作打造“三师”型研究生，促进教师队伍专业水平的提升。

图　3-38

图 3-38 学校教师赴德国、美国等地考察学习职业教育

学校始终坚持尊重个性、成就自我的理念，尊重教师的发展需求，发展教师的个性特长，让教师能够在个性发展中实现自我更新、自我发展与超越自我，只有这样才能真正体会教育的幸福。

（3）人文关怀，排解教师工作生活的后顾之忧，增强归属感。

教师，是一份幸福的职业，但同时也是一份辛苦的职业。他们迎着朝阳走进教室、披星戴月回到家里，少了多少对家人的陪伴，少了多少对家人的关心和照顾？在这种情况下，如何才能够让教师体会到更多的温暖与关爱？

首先，在硬件上下功夫，改善教师办公环境，营造良好的文化氛围。办公室是教师学习、工作的主要场所，创设文明、温馨、舒适的办公室，不仅能为教师营造和谐健康的工作环境，有利于教师愉快工作，而且也为广大学生作出榜样。学校一直努力改善教师办公环境，投入大量资金用于教师办公条件的改善，提升学校办学品位，优化育人环境。

其次，着力于软件建设，加强师德教育。努力营造和谐、宽松、团结的人际关系和温暖如家的温馨氛围，努力提高教学质量，使学校的各项工作不断迈向新的台阶。学校大力营造融洽的工作环境，省市及学校各项荣誉、评优奖励、职称定级都向一线教师倾斜，让教师在学校感受到家的氛围、家的温暖。

最后，关注教师健康，丰富精神文化生活。教师的健康不仅是教师自身发展和提高工作和生活质量的需求，更是提高教育教学质量、培养健康幸福学生的重要保障。关注教师健康，不仅要关注教师身体健康，更重要的是关注心理健康。学校通过组织健康讲座、健康宣传向教师传递健康理念、方法及重要意义。定期组织体检，了解教师健康状态，即时掌握教师健康信息。建立“健身房”“ 教工活动室”“羽毛球馆” 等活动场所，倡导教师开展健康向上的业余文化生活，让教师在工作之余，放松心情，有利于激发职业热情、提高工作效率。

图 3-39 全体教师健康徒步活动

图 3-40　教师拓展训练活动

图 3-41　师生歌咏比赛

三、建设幸福环境 感受幸福生活

每个人的喜好不同，对环境的要求也不尽相同：有些人喜欢高档服饰、名利双收，那么他们需要出席上层社会的各种晚宴和舞会，自然需要交际的环境、国际名牌的服饰和名车；有些人喜欢驰骋职场、指点江山，自然需要生活在商业化的大都市，与人交往、运筹帷幄；有些人喜欢浪迹天涯，做背包一族，这是需要放下工作和收入，收拾理想和梦想，这些人需要有丰厚的家庭经济基础或者社会环境的支持……。这些都是特色人物，而发展中的长职人，需要的是：完备的工作学习环境、一流的设备设施、便捷的生活环境、和谐的人际关系，这些构成了我们充满幸福感的生活。

1. 先进的教学条件

特色的教室。坚持统一要求和自主创作相结合，通过悬挂国旗、张贴班训及学生守则、风采展示、专业特色、班主任寄语、英雄榜等形式，既体现教育性与和谐性，又能反映学生爱好和情趣。充分发挥学生的创造性和想象力，使教室成为学生了解专业文化，发挥技术才能，培养个性的舞台。同时，每个教室的教学配有投影仪、电子白板等先进的教学工具，为提高教育教学质量提供条件。

畅通的网络。2013 年以来，学校先后共投入 800 多万元进行了校园网工程建设，5000 余个信息点分布在全校教学、办公楼宇、学生宿舍及食堂。先进、完备的校园网硬件平台，为学校教育教学及日常行政管理的数字化建设和管理奠定了扎实的基础，为学生提供通畅快捷的上网渠道，学生只需要用手机就可以实现上网学习、看新闻、查资料以及课余时间看电影等需求，为学生实现“用己所长”创造良好的网络环境。

2. 舒适的生活环境

学校的生活环境主要是指为师生提供服务的基础设施，是学生更好学习和生活的保障。

“温馨如家”的公寓。学校公寓完全采用公寓式规划和管理，整个格局、风格体现现代化和人性化。在这里生活用品齐全、设施完备、氛围温馨，学生不仅能够进行充分的休息，还能够与同学像家人一样交流和相处，获得家一般的温暖。

“卫生整洁”的餐饮中心。“民以食为天”，学校是个大家庭，学生来自各个省份而且他们正处在青春发育期，提供营养丰富、品种多样的餐饮尤为重要。每顿正餐学校为学生提供十多道菜供大家选择。充分考虑民风民俗，进行特殊管理。由于民族不同、口味不同等，为方便学生进餐，学校餐饮中心特别设置了回族餐饮等专门窗口，为所有学生提供优质的服务，帮助他们健康成长。在餐饮中心环境风格上，学校主要以明朗色调为主，让学生在轻松、幽雅的环境中进餐。在醒目的位置张贴“俭以养德”“文明用餐”等文明提示，进行规矩教育。学校把养成教育渗透到学生学习生活的各个环节，可以说是“见缝插针”“无所不在”。

3. 便捷的活动环境

完备规范的校园活动场所是提高学生实践能力、培养学生创新精神和审美能力、丰富业余文化生活、增强学生体格、养成良好习惯的必备条件。

优美的校园环境。良好的环境促进文明习惯与规矩的养成，反过来，良好的文明习惯与规矩助推优美环境的建设。因此，学校全力建设一个现代、优美、舒适、便捷的活动环境。

标准文体活动场所。学生正处于青春期，活泼好动是他们的本性，但每个人的个性与爱好又各有不同。学校标准的塑胶跑道、绿草如茵的足球场、宽阔的篮球场等，为爱好体育运动的学生提供充足的场地资源。

图 3-42 学生业余活动休闲场所

图 3-43 篮球场

图 3-44 运动场

4. 现代的服务设施

学校通过建造快递柜、充电加油站、书亭廊宇、休闲广场、座椅等，方便学生的学习和生活，满足学生的正常学习和生活需求，为学生提供优质现代的服务。

建立“幸福之音”广播站，发挥广播和网络电视系统的作用，通过校园新闻、幸福感悟、乐曲赏析等栏目营造健康向上、快乐幸福的氛围，每天学生都会怀着愉快、幸福的心情，迎着朝阳开始新的一天快乐的学习。

每个教室都为学生安装了一体机，全天 24 小时开放，学生及老师可以随时使用，上课时作为多媒体教学工具，为学生解惑答疑；课余时间，学生可以利用一体机连接网络看电影、看新闻，丰富课余生活。培养学生了解国家政事和政策法规的主动性，培养学生的规矩意识和责任意识。让教室不仅是学生学习技能的殿堂，更是愉悦心灵、提升综合素养的阵地，用常态化耳濡目染的政治性与文艺性相结合的教育，提高学生政治素养和美的感受力，使学生成为综合素质强、全面发展的优秀人才。

四、实施“生产性实习实训”模式 幸福从这里出发

“生产性实习实训”即是学生在生产现场以工人、技术员、管理员等身份，直接参与生产过程，使专业知识与生产实践相结合的教学形式。

“生产性实习实训”的目的在于使学生熟悉生产实际情况，积累经验，掌握生产技术。

通过“生产性实习实训”，学生在学校就能见到、学习和使用当前先进的生产设备，并真真切切地体会到企业真实的生产环境，更重要的是学生在“生产性实习实训”过程中所学的知识和技能高度融合企业的生产要求，学生毕业就可以直接走上生产岗位、熟练操作生产设备，为企业省去培训新员工的时间和成本。

学校贯彻“学生能做的事情不让老师做，老师能做的事情不让社会做”

的指导思想，近几年来将实习实训中心的设备设施更换为企业生产中使用的设备设施，并在校内创造一切条件为学生提供“生产性实习实训”的机会。

2015年以来，各个专业的学生在专业教师的指导和带领下，先后完成机电实训中心、机械加工实训中心、电梯实训中心、数媒实训中心、钣金实训中心以及学校的形象建筑及文化建设（如学校大门、文化广场、校园中随处可见的雕塑、文化石等），累计建设面积3000余平方米，涉及的专业有：焊接技术应用专业、汽车车身修复专业、电气运行与控制专业和数字媒体技术应用专业。

学校的各个专业开发潜能，与对口的企业展开合作，把“生产性实习实训”真正付诸实践，效果显著。电气运行与控制专业与吉林智晟汽车模具有限公司合作；会电专业与金恒财务公司合作；酒店专业与长春凯悦酒店合作以及数媒专业的对外加工等。

画面一

那个冬天很冷　我们却燃烧青春

记得2016年的冬天，那天的天气已经很冷了，还是个让人呼吸都感觉难过得不行的雾霾天。学校的汽车人才培训中心准备把一个由学生自己切割焊接好的标牌挂到楼体的外墙上。焊接专业的张春成、夏海岩老师带着十个焊接专业的学生来干活儿，这是焊接专业师生的学习生活的日常。老师和学生都是一身粘满足了锈迹和烧痕的工作服，孩子们因为干活儿时擦汗不小心抹成的小花脸，他们背着工具、带着绳索，此时的画面感与您心中的学生形象是不是相去甚远呢？

这正是焊接专业的“生产性实习实训”场景中的平常一幕。期间，我们曾问起这些学生的感受：每天穿成这样，满身的灰尘，又脏又累的，会不会觉得委屈？有没有想过放弃？一个男同学是这样回答的：当然觉得不好看，也特别累，但还真是从来没想过放弃，每天的“生产性实习实训”，让我的技术越来越好，而且在增强技能的同时，会看到自己的劳动成果，看到好看的标牌、美丽的雕塑、气势不凡的学校大门，我们都特别骄傲！然后还特别开心地说：如果明天我就去就业的话，我一点也不担心，因为我的技术好，我干过的活计多，我已经是焊接老手了！

这种朴素的画面一直发生在校园里的每个专业学生们的“生产性实习实训”过程中。孩子们从一开始的不知所措到后来的吃苦耐劳、积极主动，这不只是一种形式上的变化，更是一次规矩与技能的新培训、新提升。看着孩子们忙碌的背影、渐渐成熟的笑脸上写满的笃定与自信，作为一个职教人，能引领、帮助和陪伴学生们是快乐的；我们共同身处于“幸福职教”的环境中，亦是无比感慨、无比幸福！

当你踏入学校的校园，各个实训中心会让你震撼、感叹、耳目一新。尤其是电梯实训中心的建设过程还历历在目！

电梯实训中心是校校联合、校企合作、专业联动、师生共建最好的见证。真正体现了学校“学生能做的事情不让老师做，老师能做的事情不让社会做”的教学理念。

画面二

你震撼，你感动！我成长，我收获！

在电梯实训中心建设完成的6个月时间里，电气运行与控制专业师生现在回想起来，仍有些不敢相信那是他们亲身参与的过程。电气运行与控制专业教研室的5名老师、13名学生前期工作是协助电梯（吉林大学赠送的）拆除单位对电梯进行保护性拆除、打包、装车、运回学校、归类安放；在10部电梯都运回学校后，开始着手进行电梯部件的清洗、安装，师生们共同走过那段痛并快乐的日子，确实很累，但是每天都能学到新的东西，也十分充实和值得！

在吉林大学拆电梯的日子，最初的几天孩子们都兴趣满满。在带队老师的带领下，他们小心地从拆梯师傅手中接过各种各样的电梯零件，问名称、做标签、了解功能和作用，工作做得十分细致，也学得格外认真。

所有的老师都是早出晚归，每天结束之后都必须确认每一名学生安全到校才能放心。如果是阴雨天、路况不好的情况下，带队的老师更是要把学生送到学校才能放心离开。那一阶段，大家几乎每天都得晚上8点以后才能到家，甚至更晚。有几次，拆完的电梯部件能凑一整车的时候，就已经是下午4点多了，由于正处于下班高峰期，货车不能进城，只能是老师和几名学生留下来等着。货车七点半到现场，装车，返回学校，卸车，送学生回寝室，等一切完成，就已经是夜里11点左右。当时，徐源老师的母亲刚刚退休，身体和心情都不太好，一直在住院，可为了工作徐源老师都没有多少时间在床边好好陪陪母亲；郭英平老师家孩子小，每天披星戴月地上班、加班，早上走的时候孩子还没醒，晚上到家的时候孩子已经睡着了……。为了工作、为了大局，老师们都在克服困难，不计个人的辛苦，顺利地完成了第一阶段的任务。

从9月19日，电梯的恢复工作正式开始进行。徐源老师像之前一样，承担着后勤供给的工作，大到钢材、小到螺栓螺母、手套、口罩，徐老师跑遍了长春市的几个大的生产资料市场，有时一天跑好几家、跑好几趟。老师们累了可以坚持，可这时候，孩子们累了。电梯的各种部件动辄二三百斤重，到处都是油泥，孩子们的工作服黑了、脸也黑了，油泥透过工作服和手套沾到里面的衣服上和手上，孩子们累到坐在楼梯间的墙角里都能睡着。有的孩子开始偷懒，开始逃避工作，开始请病假……带队的老师只能在工作的空隙，随时找学生谈心、鼓劲儿，学生们看到的是老师跟自己一样的黑工作服、油手套，还得安排他们的伙食、来回的路程……。老师们的真情和行动、以身作则感动了学生们、给孩子们示范着。"生产性实习实训"本身是辛苦的，更是快乐的，就这样带着困难、克服着困难，遇到问题、解决问题，一直坚持着……

5名老师、13名学生，虽然经过了10部电梯的保护性拆除工作，但对于电梯的恢复安装仍然是没有任何头绪。他们跟着电梯公司请来的技术员周佳毅，从搭脚手架开始学起，直至把10米高的脚手架稳固地搭了起来。

电梯安装的第一步是放样架。因为是旧电梯，图纸已经无法找到了。师生们跟着周工学习从电梯部件上进行测量，再计算出主轨道距离、副轨道距离、轿厢中心和对重中心等参数，看着周工制作样架，放线，立轨道、调轨道，安装厅门。第一部电梯的恢复工作几乎都是由周工来完成的；到第二部的时候，师生们就可以自己制作样架、放线、调校轨道了；第三部电梯之后，所有的学生都已经掌握了样架的制作方法，都能够独立地进行轨道调校，比较严谨的几名学生已经能够完成门的安装了。

电梯的安装过程中，焊接工作是必不可少的，而前两部电梯安装过程中的所有焊接工作都是由周工完成的。李冠恒、赵景志等 4 名同学，主动利用午休时间在实训中心学习焊接，不到两周的时间，在安装第三部电梯的时候，一般的焊接工作就不再需要周工操作了，甚至后期的焊接工作都是由他们几人来完成的。

根据学校“学生能做的事情不让老师做，老师能做事情的不让社会做”的训练思路，电梯实训中心 9 部电梯恢复安装工作的主要操作人员从企业技术员、老师转变成为 13 名学生，他们自己设计样架，自己计算各种尺寸，自己放线、安装，一切都有条不紊地进行着。老师和同学们每天早晨 7 点到达安装现场，分配当天的工作任务，强调作业安全，开始工作。考虑到作业高度的问题，光线不好的情况下可能会出现安全问题，所以每天下午 6 点结束安装现场的工作。老师和同学们经过洗漱、用过晚餐后正常上晚自习，每天留一位老师值班，利用晚自习的时间给同学们总结和分析当天安装过程中出现的问题，讲授电梯相关的理论知识。就这样，电梯实训中心室内 9 部电梯的安装恢复工作，在老师和同学们边学边干的过程中，逐渐接近尾声。

2016 年 12 月，室内的 9 部电梯的恢复工作全部完成，剩余一台电梯作为景观安装在室外。12 月中旬的长春，气温已经很低了，学生们虽然穿着棉工作服，但户外作业依然很冷，所以学校提供了取暖设备，一个铁皮桶做的炉子，大家干一会儿活儿，就要在炉子边烤一会儿火。因为是临时做的决定，第二天就要在室外开工了，徐源老师当晚跑遍了所有卖炭的地方却发现都已经关门了。第二天徐老师起了个大早儿，天蒙蒙亮就去将炭买好，及时把炭放在了炉子旁，只为不耽误开工进度，因为越往后天气越冷了。学生们苦中作乐，休息的时候还在取暖的炉子上烤起了地瓜，为大家在寒冷的冬日里带来一丝温暖，孩子们在这样寒冷的环境里，学会了如何应对、如何调整、如何保持状态，这才是最大的收获吧！

到2016年12月23日，电梯实训中心整体完工，室内9部电梯矗立，实训室文化布置完成，期间来过学校的电梯企业界人士对学校电梯实训中心前瞻的设计思路、创新的训练方法、高效的落实速度无不感到震惊！最终的结果就是，当这13名学生离校的时候，6名选择电梯行业的学生全部被电梯企业接收，而招聘来晚的企业只能是失望而去，挂记着明年赶早儿，不再错过这样优秀的学生。

图3-45 师生拆装电梯场景

电梯实训中心的建设过程，就是一次“以战练兵”的过程，这一过程中既学习了知识、锻炼了技能，又培养了品质、磨砺了意志。老师和学生们看着电梯实训中心在自己的手中从无到有、从烟尘弥漫的工地到灯火敞亮的实训场所，心中洋溢着浓浓的幸福感和成就感！

画面三

不挑战、不奋斗，如何知道自己的潜力无限？

每当走过校园，看到机电实训中心的金字招牌在楼顶熠熠生辉的时候，仿佛看到当年里面忙碌的身影和熟悉的笑容……。这是后来焊接专业的老师们提起电梯实训中心建设的那段时光时经常提起的。

电梯实训中心建设任务的焊接部分直接落到了焊接专业的师生身上。在接受任务时，师生们感受到了巨大的压力和挑战。当时专业的状况是只有2位老师（夏海岩、张春城），6名即将就业的14级学生和16名刚来学校一个学期的15级新生，完成任务的力量明显不足。这时两位老师的心里产生了畏惧和为难的情绪，甚至去找校长表示不接这个任务，因为此前焊接专业没干过这么大的工程，别看是一楼，但建筑面积近1000平方米，而且存在高空作业任务，存在很大的风险及安全隐患。但是经过多次的考虑，焊接专业的师生们还是接下了这个他们自己都认为不可能完成的任务。

电梯实训中心的建设主要采用人工手弧焊和CO_2气体保护焊两种方式进行，整个工程使用各种型号工字钢、C形钢、方钢、角钢等钢材80余吨，焊料近1000盒。当学校最后做工程材料统计的时候，他们自己都很惊讶，短短6个月的时间，如此大的、如此难的工作任务，师生们风雨同舟、齐心协力地完成了，他们自豪！

参加电梯实训中心建设的学生，技术水平及经验比较欠缺，平均年龄不足17岁，正是玩耍、好动、长身体的阶段。除此之外，中职的学生心智尚不成熟，易冲动，干事情不计后果，毛手毛脚，不好组织。于是，工作开始之初，老师们就先要让他们认识到在职业学校，没有一技之长、学不好专业技术，今后在社会上是没有立足之地的。只有弘扬工匠精神，立足本岗位，扎实练习专业技术技能，从一点一滴做起，才能做一个受社会青睐的人。纸上谈兵是不行的，必须真刀真枪的去干才行。以建设电梯实训中心为任务的这样一次“生产性实习实训”就是为了让学生们的人生出彩！

一番动员后，学生们群情激昂，鼓足了干劲，统一了思想。工作初期，学生的积极性较高，大伙抢着干，而且随着时间的推移，学生的焊接质量和速度均有提升，技术愈加熟练，露天作业从4月一直到6月，随着气温的逐渐升高，且焊接本身就是热加工，焊一会儿就会满身大汗，为了赶工期，节假日都不休息，晚上干到很晚，几乎天天干到晚上六七点钟，有一部分学生开始抱怨，甚至有的说不想干了，出现了情绪上的波动。老师发现后就找他们谈心，告诉他们只有技术学到手才是自己的，焊接技术是练出来的不是看出来的，让他们向技术水平高的同学学习，不能落后，否则老师、同学们就会笑话，大家互相鼓励打气。同时为了避暑、遮挡炎炎烈日，老师还给学生们买来了十多顶草帽，让食堂给同学们做了绿豆汤，买来西瓜给学生们解暑降温，在休息的间隙老师与同学打成一片，讲一些笑话、故事，使他们放松了情绪、缓解了压力。

学校给学生安装了热水器，可以淋浴冲澡，放假时食堂供应伙食，张老师曾经一个多月没回家，吃住都在学校，随时管理、关心学生的各种思想和学习动态。

图 3-46　学生在进行“生产性实习实训”

正是这样的一段“生产性实习实训”的经历，才让焊接专业的学生们更加懂得了自己所学专业的内涵和真实环境、真实感受，学生们经历了、坚持下来并在此过程中提高技能、坚强心智、成为后来电梯企业争相聘用的宠儿，不挑战、不奋斗，就不知道自己的无限潜力！

画面四

面对未来，我们经历过才更有底气去争取

汽车车身修复专业在电梯实训中心建设中接到任务，学生们都很高兴，个个摩拳擦掌、跃跃欲试，个个都想利用这次任务检验自己所学到的本领。

第一项任务是除锈。

学生们来到工作现场时，当时就惊呆了！望着码的整整齐齐、一垛一垛的钢材，另一边操场还有早已摆好等待除锈的钢材，那一张张小脸上写满了惊叹！首先要把工字钢除锈、喷底漆。当时是三月末，东北正是春寒料峭，学生们有条不紊地准备工具、连接电源，每个小组成员的分工非常明确。带好防护用品，开始进行除锈打磨，每个学生都做得非常认真，可东北三月早晨的天气真不是吓唬你，防护镜上面很快就因为哈气形成一层雾气影响视线，有一名学生为了能够看清工作面、不影响除锈，索性将口罩摘了下来，组长发现，马上制止了他的操作，并喊停了本组的其他同学，同时通知了老师，老师急忙叫停其他小组成员，紧急就现场出现的问题严肃强调了劳动保护用品的重要性，并指出了问题的正确处理方法，然后再次投入到紧张的工作中。随着太阳的升高，气温也越来越高，在工作中的学生已经因为出汗湿透了后背的衣服，但是学生们却没有一个喊累的，利用午饭时间抓紧进行上午的工作总结。下午又开始紧张的工作，收工时对工具进行清点、整理，并对下午的工作进行及时总结，再由老师对一天的工作进行总结。这时，同学们站好后，老师先乐了，学生蒙了！出了什么状况？怎么了？同学们面面相觑，这时整个现场乐成一团，原来由于除锈时灰尘比较大，同学们摘下眼镜和口罩后，护目镜下面是皮肤原色、口罩下面是皮肤原色，但裸露的皮肤却是铁锈色，一个个都变成了小花猫，每个人都好似小丑的扮相……。一天的工作是辛苦的，但是没有一个人喊累、喊苦。

紧接着进行第二项工作任务：底漆喷涂。

第二天要将除好锈的钢材进行底漆喷涂，因为以前在车间讲过喷涂的知识，所以学生有一定的理论基础，但实践操作少一些，分配好任务后，老师从调漆教起，然后是喷涂示范操作，学生按照老师所教，结合车间所学很快就掌握了喷枪的操作技巧，可毕竟缺乏经验还是出现了很多问题，如喷涂不均、流挂现象经常出现。这时，老师再把学生叫到一起，对出现的问题及时纠正，告诉学生如何防止，通过反复的喷涂、老师的反复叫停，问题逐渐得到解决，效果明显好起来，到了下午收工，学生们已经克服了大部分的困难，喷枪运用手法已经很熟练了。

随着时间的推移，不知不觉两周时间过去了，学生对除锈、喷涂的工作流程已经相当熟练，质量也越来越好。

图3-47　汽车车身修复专业学生在进行“生产性实习实训”

第三项工作任务：外框面漆喷涂。

对焊接完成的外框进行面漆喷涂，喷漆预计四天完成。由于离地面有一定的高度，喷漆时学生都得站在一层脚手架的上面进行喷涂作业，有几名学生恐高，一开始根本不敢上去完成工作任务，但看着老师和其他同学的工作，这几名学生努力克服恐惧，超越自我、挑战自己，就这样困难被一个个克服。

第四项工作任务：室内喷涂。

随着各个项目的进行，工作场地由室外移到室内，对焊接后的焊口进行除锈喷涂作业，由于已经完成前几项任务，对于这一项并不难，学生们此时已经能够快速、准确、安全、完美地完成工作任务了。

在这次“生产性实习实训”中，车身修复专业的师生们遇到了很多困难，但通过不懈努力、团队协作，最后出色地完成任务。经历“实战”的工作状态，让他们有了太多的收获和感悟，这中间的欢笑、困惑、辛苦、喜悦，都将成为他们最为宝贵的记忆。

画面五

业精于勤，荒于嬉；行成于思，毁于随

天色已经很晚了，数媒实训室里，灯火依旧，人影绰绰，机器还在运转……。休息时间了，怎么学生们还在？

原来，数媒专业师生承接了电梯实训中心文化展板的设计与制作任务。此项工作量的庞大是师生们始料未及的，由于时间紧任务重，而且硬件设施的局限性真的让全体数媒师生捏了一把汗。15级平面设计班的学生们是此次工作的主角，梁主任是设计总监，王宏春老师任技术指导，本次任务是对平面设计专业师生的一次巨大考验。时间只有一个月，数媒师生将任务分析后

进行分组设计。学生们亲自跑现场量尺寸，拒绝一厘一毫的误差，因为学生们知道一旦尺寸有误所带来的后果是难以挽回的，不光耗时同时将报废很多打印与制作耗材，在实训中每个学生都做到了仔细甚微。

这项“生产性实习实训”对于数媒专业的师生而言，不只是任务量大，而且学生还必须突破很多技术难题。例如，根据玻璃材质的特殊性，学生发明了“反打正贴”的制作技术：电梯实训基地设计的版块很多，而且必须要求在玻璃上完成制作，学生们就绞尽脑汁反复实验了几十次，终于功夫不负有心人，实验取得了成功。这样的过程让数媒专业的老师为学生们感到无比开心，因为这项“反打正贴”的技术以前从来没有应用过，是孩子们自己在“生产性实习实训”中根据实际情况和需要，经过反复琢磨和实验，一次次失败又一次次重来，越挫越勇、越难越探索，这是孩子们在“生产性实习实训”中最大的收获和改变。

图3-48　数媒专业学生在“生产性实习实训”

当电梯实训中心的设计部分完成的时候，在场的所有领导、老师们都竖起大拇指！这是对15级平面设计班学生技术实力的认可！负责此项任务的徐秋荣同学都说："这一次的'生产性实习实训'操练让我的平面设计与制作技能再次得到提升，虽然很辛苦、虽然很大压力，但是我要感谢学校这么信任我们并给我们这次难得的锻炼机会，让我们成长！"

孩子们进入到"生产性实习实训"阶段以后，蓦然发现，原来自己学的东西还太少、太有限，要想真正胜任以后的工作要求，差距还真是太大，正所谓：业精于勤，荒于嬉；行成于思，毁于随。学生们边做边学、边问边学，认真、仔细，从一开始的以为掌握了软件的使用到后来的自主细致学习练习、反复使用推敲每个软件的操控、每个机器的使用，学生们的学习热情在"生产性实习实训"中被激发、被唤醒！

职业教育的终极目的不过于此：让学生有技术、懂规矩、有自信，拥有让自己幸福的基础和能力。

五、优化就业环境 幸福从这里出发

任何人的幸福都是同人的工作紧密联系在一起的。工作是人的一种天性，也是人获得幸福、享受幸福的主要源泉。工作是人生存的基础与谋生的手段，是人的发展的重要部分，也是人获得生活意义、实现人生价值的最普遍、最重要的路径。

美国一次舆论测验，其中有一题为"你认为人这一辈子最重要、最幸福的事情是什么？"许多人认为："能够做自己喜欢的工作，并且从中挣钱，这是人生最重要、最幸福的事情。"工作使人幸福，无论是谁，唯有工作能让人有价值感、成就感和幸福感。中职学生经过职业技能的学习，最后必将通过就业，走上工作岗位，以此来获得幸福。

杜威在《明日之学校》中指出：“人们所从事的各种职业，都是为了满足人类的种种需要和目的。这些职业都在维持着构成我们所生活的世界和种种事物与其他事物之间的种种关系。”人生命的价值不仅仅是活着，工作本身不是目的，人生命的崇高目的是为了自我实现，人生命的终极目的是达至幸福。

但是当工作与个人的发展、需要、兴趣、爱好等并不一致时，人们的工作常常沦为迫不得已的维持生存活动，甚至与人的发展和价值实现相背离，这时，工作就不是有意义的，不是人幸福与快乐的源泉。杜威曾一针见血地指出：“找出一个人适宜做的事业并且获得实行的机会，这是幸福的关键；天下最可悲的事，莫过于一个人不能发现一生的真正事业，或未能发现他已随波逐流或为环境所迫，陷入了不合志趣的职业。”

因此，人只有在选择和从事符合自身爱好、需要和愿望的职业时，才能发挥最大潜能、创造更大价值、得到充分满足、感受生活幸福和实现人生追求。

1. 当前中等职业学校就业现状

在就业形势日益严峻的情况下，社会上流传着这样一句话：本科生就业不如高职生，高职生就业不如中职生。的确，据统计，近几年大学毕业生的一次性就业率始终在75%左右徘徊，而中等职业学校（含职高、中专、技校）毕业生的一次性就业率早已突破95%。中职学校针对企业生产一线培养的有技能“蓝领”成为就业新宠。

调查分析

2011 年全国中等职业学校毕业生就业情况显示：2011 年全国中等职业学校毕业学生数为 662.67 万人，就业学生数为 640.9 万人，平均就业率为 96.71%。其中，中等专业学校、职业高中、成人中等专业学校三类中等职业学校毕业生数为 543.75 万人，就业学生数为 525.72 万人，平均就业率为 96.69%；技工学校毕业生数为 118.92 万人，就业学生数为 115.18 万人，平均就业率为 96.9%。

调查显示：有些中职学校学校的毕业生供不应求，与大学生"就业难"截然相反，中职生就业出现了越来越吃香的趋势。2011 年统计数据显示（不含技工学校），毕业生就业去向情况是：到各种所有制企事业单位就业的毕业生数为 406.17 万人，占就业学生数的 77.26%；合法从事个体经营的毕业生数为 70.24 万人，占就业学生数的 13.36%；升入各类高一级学校的毕业生数为 49.31 万人，占就业学生数的 9.38%。虽然 2011 年去各种所有制企事业单位就业的毕业生人数增加，但是占当年毕业生总数的比例与 2010 年相比有所减少；合法从事个体经营的毕业生人数和比例持续增加；升入高一级学校的毕业生数及占当年毕业生总数的比例与 2010 年相比有所回升。

各产业就业分布情况是：从事第一产业的毕业生数为 41.59 万人，占就业学生数的 7.91%；从事第二产业的毕业生数为 205.34 万人，占就业学生数的 39.06%；从事第三产业的毕业生数为 278.8 万人，占就业学生数的 53.03%。从事第二产业的毕业生比例和 2010 年相比有所下降，从事第一产业和第三产业的毕业生比例有所上升。相应的，2011 年度人力资源和社会保障事业发展统计公报也显示，到 2011 年底，所有就业人员中，第一产业就业人员占 34.8%；第二产业占 29.5%；第三产业占 35.7%，第三产业就业人员首次超过第一产业，成为吸纳就业的第一主体。

本地、异地和境外就业情况是：在本省就业的毕业生数为 358.34 万人，占就业学生数的 68.16%；到异地就业的毕业生数为 165.92 万人，占就业学生数的 31.56%；到境外就业的毕业生数为 1.47 万人，占就业学生数的 0.28%。和 2010 年相比，更多学生毕业后都在本省（区、市）工作，而异地就业的毕业生数及比例都有所下降。

就业渠道情况是：通过学校推荐就业的毕业生数为 419.17 万人，占就业学生数的 79.73%；通过中介介绍就业的毕业生数为 37.07 万人，占就业学生数的 7.05%；其他渠道就业的毕业生数为 69.49 万人，占就业学生数的 13.22%。和 2010 年相比，更多的学生通过学校推荐的方式实现就业，而通过中介介绍就业的毕业生比例下降了。

各类专业毕业生就业情况是：2011 年就业情况最好的专业是加工制造类，就业率高达 97.8%；其次是交通运输类，就业率为 97.11%；旅游服务类、信息技术类和财经商贸类的就业率处于平均水平以上；医药卫生类、土木水利类、教育类的就业率达到了 96% 以上；其他专业就业率在 94% 以上。从毕业生数量看，加工制造类专业毕业生人数最多，为 136.14 万人，占毕业生总数的 25.04%；其次是信息技术类，毕业生数为 108.05 万人，占毕业生总数的 19.87%；毕业生数最少的是休闲保健类专业，毕业生数为 2.41 万人，占毕业生总数的0.44%。

2011年11月，教育部职业教育与成人教育司在十个城市的146所中等职业学校（包括职业高中、普通中专、技工学校），开展了毕业生就业质量抽样调查工作。

被调查的146所中等职业学校毕业生为109490名，就业率98.32%；对口就业学生数79827人，对口就业率为72.91%。在就业学生中，进入各级所有制企事业单位和从事个体经营的学生占毕业学生比例为81.97%，升入高一级学校人数占毕业学生比例为16.34%。签订就业合同的人数占就业学生比例为94.41%，40.06%的学生签订了1年及以内期限就业合同，32.47%的学生签订了1～2（含）年期限就业合同，15.07%的学生签订了2～3（含）年期限就业合同，6.81%的学生签订了3年以上就业合同；75.04%的就业学生起薪在1000～2000元，6.03%的学生起薪低于1000元，38.76%的学生起薪介于1000～1500元（含），36.28%的学生起薪介于1500～2000元（含），19.02%的学生起薪高于2000元；享有劳动保险人数占比80.86%，39.91%的学生享有三险一金，40.95%的学生享有五险一金。85.08%的毕业生获得了职业资格证书。

然而，中职生高就业率背后也显示出所隐藏的一些令人担忧的现象。一是专业对口率不高，只有三成，学非所用的现象比较严重。专业对口（包括“专业非常对口”与“专业对口，但不完全一样”两项指标）比例在20%～30%。中职毕业生有近六成比例认为“专业完全不对口”，而认为“专业不对口，但有部分关联”比例为15%。中等职业教育主要培养从事生产一线操作或管理技术工作的人员，其就业的最大资本或优势就是专业特长和动手操作能力。但从实际情况看，2017届毕业生中，信息技术类和教育类专业的毕业生所从事的岗位与自己所学的专业不对口或基本不对口，即使对口，在工资待遇及福利方面也较为低下，有的也只是临时工。二是职校毕业生劳动合同签订率不到15%。报告显示：职业院校毕业生劳动关系以事实劳动关系为主，劳动合同签订率不到15%。大多数中职毕业生目前均未与用人单位签订正式劳动合同，其中除了因处于试用期故未签订劳动合同的毕业生外，已是用人单位正式职工但仍未签订劳动合同的中职毕业生高达58.62%。三是本地就业学生工资待遇低，只有极少数学生迫于家庭或其他原因选择本地就业。大多数学生选择经济发达地区就业。四是工作稳定性较差。一些就业学生尚未满试用期就换了单位，很大一部分就业学生在初次就业企业工作时间不足一年，有的就业学生甚至一年内换了几个就业单位，频繁跳槽。从调查结果来看，中职毕业生对首次就业单位的忠诚度较差。当中职毕业生被问到“您期望在目前工作单位的服务年限”时，有超过90%的中职毕业生回答最多一年。

造成毕业生就业质量不高、稳定性差的主要原因有来自社会环境、政策措施、学校培养和家庭个人等方面的因素。

一是社会环境方面的原因。社会上轻视职业教育、轻视技术技能人才的现象仍比较严重。同时在企业普遍存在劳动强度大、工作时间长的情况，而中职学生就业年龄又相对较小，独生子女多，吃苦耐劳精神较差，学生就业时间短，跳槽现象多，给就业带来不稳定因素，直接影响到毕业生的就业质量。

二是学校在培养方面的原因。一方面是学校对学生职业引导缺乏。毕业生不知道自己该干什么、能干什么，简单地把薪水的高低作为谋求职业好坏的唯一标准，没有长远的打算与目标。学校专业设置陈旧，课程设置不科学，导致学校教育教学质量差，人才培养方向与市场和企业的需求脱钩。

另一方面学生适应社会能力不足。由于学生在学校期间道德教育欠缺、视野眼光狭隘、学识见识肤浅，导致刚出校门应对复杂、突变的事物缺少必要的思想准备，部分学生无法适应全新的工作、生活和环境。

三是家庭或学生自身方面的原因。普遍存在学生和家长选择职校本为无奈之举的心理，中职学生入学时对专业和职业并不会有较多的认知，他们的专业有许多是由老师或家长代为包办和选择的，造成学生对专业缺乏兴趣，对专业前景不了解，也不关心自己的就业前景。对学习有抵触情绪，不能够发自内心地热爱专业和职业。

面对这样的问题，“幸福职教”体系制定出完美的解决机制和措施。教育模式选择自由，解决了学生对未来发展定位迷茫的问题；专业体验自由，解决了学生不知道自己将来想要干什么的问题；专业选择自由，解决了学生不知道自己想学什么的问题；课程选择自由，解决了原有课程设置陈旧、不能满足学生和企业需求的问题；社团选择自由，解决了学生综合素质低下、社交能力不强等问题；“生产性实习实训”解决了学生实践能力不强、“学无所用”的问题。

“幸福职教”通过教育模式、专业、教师、课程等的自由选择及“生产性实习实训”模式为学生奠定了基本的就业基础，那么怎样让学生实现优质就业、稳定就业、幸福就业？这是“幸福职教”更深价值的体现。

2. 集团化办学，让学生获得更多优质就业机会

“幸福职教”建设过程中，依托集团化办学，积极优化就业环境，为学生创造更优质、更实际、更有发展，并让学生自己认可、喜欢的就业机会，不仅提高了对口就业率，而且还通过就业跟踪服务，实现稳定就业、幸福就业的目标。

长春长吉图职教集团是以职业教育为依托，以初（高）中学校、中等职业学校、高等院校、社会培训机构、县（市）区劳动就业管理部门、劳动力输出机构、行业协会和大中型企事业八类单位为主体，是学校与企事业单位合作育人的群众性社会组织。学校依托长春长吉图职业教育集团，为学生就业提供了可进行双向选择、多次推荐的终身教育就业平台。

图 3-49　2010 年长春长吉图职业教育集团在学校成立

集团成立至今七年余，已经成为吉林省规模最大、运行最活跃、成效最显著的职教集团。集团成立以来积极整合教育、行业、企业、社会等资源，由最初简单的校企合作，发展成为涵盖政府、行业、企事业、学校及国际交

流与合作的联盟。

图 3-50　校企合作

集团现有理事单位 237 个，理事单位间合作项目累计已达一百多项，为上级提交教育发展议案或建议 20 余项，为政府出台政策提供了可靠的依据与支撑，职教集团合作培养、输送各类人才 13000 余人，成为长吉图区域经济发展、人才培养的摇篮。

图 3-51　集团第三届年会在学校隆重召开，成为吉林省规模最大、参与最广、社会影响最大的一次职教盛会

学生是集团发展的直接受益者。集团的发展不只是在提高学校实习实训条件上，更体现在为学生提供优质就业上。吉林大学交通学院援建的电梯实训基地项目总价值800余万元，成为东北最大的电梯维保人才的培训基地；学校与吉林智晟公司合作共建的校内模具生产实训基地（校中厂），成为全省“现代学徒制”的典范。

现代学徒制是相对于传统学徒制而言的，发源于20世纪的德国、英国等国家。20世纪80年代以后，以德国、英国和澳大利亚等为代表的西方发达国家在吸收传统学徒制的优点并融合现代学校职业教育优势的基础上，建立了现代学徒制。1969年，德国颁布了《职业教育法》，从法律层面明确了双元制的法律地位，将企业与国家、政府有机结合在一起。英国的学徒制体系与英国的国家职业资格（NVQ）制度紧密结合，因此，每一个层次的学徒制都与国家职业资格之间存在一定的对应关系。澳大利亚新学徒制的主要特点是将职业资格与教育、就业、培训联系在一起，建立了认可资格证书和学分转换的国家权威体系；制定了由八级不同能力水平构成的能力标准体系；建立了国家职业技能认证体系，学徒完成培训后即可获得全国认可的、与学历文凭互通的资格证书，进入高等职业院校或普通院校学习，培训成绩和证书可作为被认可的学分。

我国在借鉴西方现代学徒制经验基础上，以校企合作为基础、以学生培养为核心、以课程为纽带、以学校和企业的深度参与以及教师和师傅深入指导为支撑，把企业标准、企业项目、企业管理、企业文化与育人过程深度融合，形成了“学生与员工一体、教师与师傅一体、教学与生产一体、学业与产品一体”的人才培养模式。2014 年，教育部颁布了《关于开展现代学徒制试点工作的意见》和《现代学徒制试点工作方案》，在河北唐山召开了现代学徒制试点推进工作会议。2015 年 8 月，教育部公布首批试点单位名单，在全国范围内分地方政府、企业、职业院校 3 个层面开展现代学徒制试点工作，有 17 个地市、8 个企业、百所高职、27 所中职、13 个行业作为试点单位，标志着我国现代学徒制试点工作进入实质推进阶段。

通过现代学徒制，学生既能学到满足社会需求的技术技能，还能通过劳动得到经济上的收益，领到学徒工资，实现经济独立；企业也能获得优秀的职工，减轻企业再培训负担。因此，现代学徒制是可以实现企业、学校、学生共同受益的最佳模式。

学校与吉林智晟公司合作共建校内模具生产实训基地（校中厂），校中厂建设之初，学校在数控、机电班先行先试，经过选拔、考核、面试组建实验班，采用吉林智晟汽车模具有限公司公司化运作，按照模具企业的岗位设置和人员配置要求，实验班开设 5 个岗位的实训项目，即：普通机床操作工、数控机床操作工、电加工操作工、装调/装配钳工（设计员）、检验员等。

实验班实施双导师制，学校确定 2 名专业教师作为导师，负责指导培训学生理论学习和实训，吉林智晟汽车模具有限公司企业派 5 名技术人员担任师傅，负责传授岗位操作技能。通过理论学习与实践（培训），学生系统地掌握吉林智晟汽车模具有限公司企业常用机械加工设备的操作规程与技巧，具备普通机床操作工、数控机床操作工、电加工操作工、装调/装配钳工

（设计员）、检验员等岗位的理论知识和实战经验，实现与企业岗位无缝对接，学生毕业后直接上岗操作，省去企业再培训过程，为企业创造价值。

图 3-52　校中厂全体师生在启动仪式上合影

在第一批学生中表现较为优秀的是学校 16 级数控技术应用专业的优秀毕业生、吉林省三好学生龙吉，在学校学习期间还夺得过数控大赛吉林省赛区一等奖。毕业后直接签约吉林智晟汽车模具有限公司，现在在五轴加工中心的工作岗位上工作，他回忆起在校进行生产性实训期间的点滴，充满真情地给学弟学妹写了一封信。

致同学们的一封信

学弟学妹们：

大家好！

我是你们的师兄——龙吉，于 2013 年 8 月进入长春职业技术学校，就读于数控技术应用专业，班主任是曲树德老师。

我在校期间获得了吉林省三好学生；获得2014年吉林省数控车技能大赛第三名、2015年吉林省数控车技能大赛第二名；2016年4月参加了数控现代学徒制项目的实验班，在学校“校中厂”接受校企合作的培训和实训，学习安全知识、6S管理概念和生产实践技能，在同月9日进入吉林智晟汽车模具有限公司，拜韦红生为师，学习五轴数控铣加工技术、五轴编程技术，在此期间多次获得公司优秀学员且获得公司奖金。随着本人的技能逐渐提升，工资待遇也跟着不断提升，学徒期工资达到3700元，在2017年3月1日通过考核转正，学徒期10个月，成为吉林智晟汽车模具有限公司正式员工，工资5500元，待遇丰厚。2017年5月参加了公司组织的优秀骨干培训，深入学习了UG数控三维编程技术，使自身技能又提升了一个档次。由于成绩突出，被破格提拔为制造部夜班班长。同时，基于公司对我的信任，获得了带徒弟的资格，带领一名学徒李鹏。同年9月本人再次得到公司的认可，带领徒弟李鹏（15数控班级学生）到校企合作工厂做技术支持。李鹏在我的指导下不断成长，掌握了三轴加工技术和二维编程技术，工资4000元。

我想分享给学弟学妹的是我的经历、感悟和我的幸福，希望能对你们的学习有所的帮助。

三年的在校学习，我得到了老师的悉心教导和精心培养，树立了正确的人生观。生活中，老师又给了我们无微不至的关怀。更是在贾专业老师的慧眼识珠下，我进入到数控车技能大赛培训班，在老师的严格要求和指导下，才得以进入到省级比赛的平台，得到了更好的发展机遇。在此我要感谢老师和我的母校。

两年的职业生涯，让我认识到了美好的生活需要通过自身的努力来实现，而且我们中职学生在努力学习、锻炼技能的同时还需要一个好的发展平台。我们学校通过与吉林智晟汽车模具有限公司共同创建的“校中厂”，给我创造了一个生产性实训的最佳平台，让我学到知识和技能，并脱颖而出。一方面为企业今后选择人才，另一方面为我们今后能在相对应的专业工作岗位上被及时、及早地培养、发现、认可，打造了一个最为有效的双向选择平台。

请珍惜你们现在所拥有的时光和条件，抓紧时间学习、锻炼技能，在每个阶段都认真努力，不耽误、不懈怠。

祝福学弟学妹们学业有成！幸福快乐！

——在“幸福职教”中成长起来的学生 龙吉

可见，依托职教集团的校企合作，有效地为学生提供了优质的就业平台，每个学生都能够在这个平台上找到自己喜欢和适合的职业，怀着快乐心情走上幸福的人生之路。

3. 产教深度融合，让学生在择业时好中选优

党的十八届三中全会作出的《中共中央关于全面深化改革若干重大问题的决定》中明确提出：“加快现代职业教育体系建设，深化产教融合、校企合作，培养高素质劳动者和技能型人才。”“产教融合”的“产”指产业，“教”指教育。教育部学校规划建设中心主任陈锋认为：“校企合作是手段，产教融合是结果。”

产教融合是培养技术技能型人才的需要。技术技能型人才是一个国家竞

争力的体现，而职业教育是面向生产、服务、管理、技术等一线培养技术技能型人才。随着社会经济发展对技术技能型人才需求不断增强，要求增加技术技能人才数量的同时要提升技术技能人才质量。产教深度融合，使职业学校学生适应岗位的能力大大增强，培养周期有效缩短，实现了培养目标和企业需求零对接，增强了技术技能人才培养的实用性。

学校与吉林智晟汽车模具有限公司、长春师范大学深度合作，成立了职业教育实训联盟，共同投入 3000 多万元，共建实训基地。通过这种企业、高校和学校集体办学模式，实现了产、学、研一体和资源共享。其中，学校和长春师范大学共同出资建设了精密加工体验中心，占地面积约 600 平方米，配置国际上顶级设备，五轴五联动立式加工中心、四轴四联动卧式加工中心、高精密磨床一台等仪器设备总价值达两千多万元。在该项目中，学校建立了“名师工作室”，把长白山名师、吉林省首席技师聘请到学校，校企共同承担教学、科研及高精密零件生产等任务，为学生创造实习就业机会。

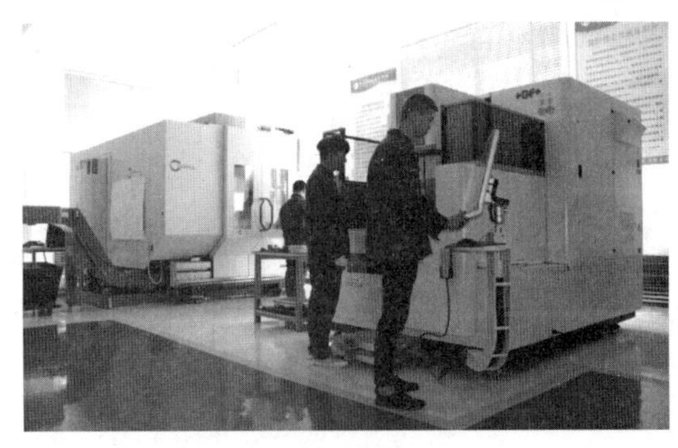

图 3-53　学生在精密加工实训中心实习实训

学校与吉林大学交通学院共建的电梯实训基地，总价值800余万元，成为东北最大的电梯维保人才的培训基地。该中心占地面积约800平方米，包括旧梯、新梯、大赛指定电梯、自动扶梯及人行道共18部电梯，涵盖日立、奥的斯、三菱等10余种品牌，由旧梯维保区、新梯调试区和电梯备赛区3部分组成。学校与多家企业联合建立了机电专业委员会，构建“校企行同育、工学鉴并行”的课程体系，即学校、企业、行业深度融合，校企共同参与、设计、完成学生培育工作；学习、工作、鉴定并行考虑，实现作业即工单，工单要求即职业标准，完成课程体系建设与开发工作，力求达到“专业与产业对接、学校与企业对接、课程内容与职业标准对接”，实现产教深度融合。

学校与一汽解放特种车公司合作，把行星齿轮、后锥齿轮等产品热处理前的精加工生产线，以“引厂入校”的形式进行产教融合作，启动服务外包零件加工项目，双方达成合作协议，实行资源共享，优势互补，共同建设，主要面向数控技术应用、模具制造、机电技术应用专业开展服务，包括数控、车工、钳工、铣工、现代学徒制示范基地等实训区，拥有数控加工、普通加工机床，CAD/CAM机房，钳工设备等共计300台套，设备总值1000万元，占地面积4200平方米，成为数控专业生产性实训基地，并已经把生产性实训项目的开发作为省级示范校重点建设项目。“引厂入校”推动了校企共同参与、指导、设计人才培养方案，促进了课程内容和职业资格标准融通，为技能人才培养和使用实现真正意义上的零距离对接创造了典范案例。

图 3-54　学校与一汽解放汽车有限公司特种车分公司签约

图 3-55　职业教育产学研联盟基地

毋庸讳言，企业、社会、家长和学生对就业的满意度是衡量职业教育质量的重要指标。“幸福职教”以为学生能够获得优质就业，获得幸福生活的基本经济保障为出发点，通过集团化办学、产教深度融合等路径，打通稳定就业、幸福就业渠道，为学生开启幸福人生之门。

六、“扶贫扶智”　为贫困家庭点亮幸福之光

为贯彻落实习近平总书记提出的“扶贫必扶智”的扶贫方略，服务长春幸福职教建设大局，为家庭生活困难的学生提供学校助学保障工作，学校建立“助学超市”，切实解决困难职工及困难农民工和寒门学子上学难和就业难问题，实现“培养一个孩子，帮扶一个家庭，幸福一家人”的目标，从而更好地服务百姓教育需求。

在学校，有一部分学生是因为家庭困难，但是得知学校就业率高，所以到学校想通过学习尽快就业、减轻家庭负担，但这样的学生因为家庭境况，同时又会出现交不起学费等新的问题。

面对困难家庭学生上不起学的困境，学校采取多种“惠生”政策，圆他们的“求学梦”。

学校与长春市总工会联合举办的“金秋助学”活动，自2012年至今已开展6年，受惠总学生人数达681人，有500余名学生从学校毕业走上工作岗位或升入高等院校。

金同学家住在当地的农村，家中田地较少，父亲常年重病，她是一个勤奋好学的孩子，父母没有钱让她读书。因为是农村户口，金秋助学给了她继续学习的机会，成为学校一名轨道检修专业的学生，金秋助学不但免去了她的学费，书本、保险、校服等都已经为她解决了。她立志一定要好好学习专

业知识，将来凭自己的能力回报社会，回报那些关心她、帮助她的老师同学们。这就是金同学：一个家贫志不短的好孩子。

图 3-56　启动“会校企”联合助学活动

实施国家免学费政策，学校对所有农村及县镇、城市涉农学生和部分家庭困难学生免除学费。对长春市区户口学生每年免收 1000 元，共免 3000 元。农村（含县镇）及城市家庭困难学生（占在校生总数的 10%）可享受 2 年共计 4000 元助学金。

案例

王同学，长春乐山人，是学校 14 级数控一班的学生，这几年来对国家的助学政策感受特别深刻，他的心里都有说不出的高兴，每年免收的 4800 元学费不仅在很大限度上帮助他解决了经济困难，更表明我国的教育事业正逐步赶上国际水平。人们得到高素质的教育，这是有利于个人、社会以及国家的。他说，其实许多人都错了。学校的学费是贵，一年的学杂费也许是农村一大家子人一年辛勤劳动也挣不来的。但是，他们忘记了还有国家，国家的助学政策是不容许任何一个有志青年因为经济的原因而辍学的！国家出台了许多切实可行的政策来帮助许许多多有经济困难的学生，如国家免学费、国家助学金等！是的，我与我周围的同学都是一个个鲜活的例子。在接受国家助学金的同时，我们的心里是极不平静的。古语有云，无功不受禄。还是学生的我们没有为社会、为国家做出一丁点儿的贡献，这样就接受了国家的一笔资金心里当然是不安的。但是，想想看，我们也无须如此庸人自扰，因为若干年后，相信凭借自己的知识和能力，是可以为国家做出自己的贡献的。是的，我们有信心！这个信心来自国家，来自学校，也来自我们辛勤付出的父母。我们相信，个人的力量汇集起来，是可以发挥出巨大的能量的。目前，王同学已经到一汽集团工作，在工作中得到了领导和同事的一致好评。

实施精准扶贫，长春地区“建档立卡”的贫困家庭实施精准扶贫，免除学费、教材费、职业资格认证费、公寓费、公寓备品费、校服费、城镇居民基本医疗费，每年补助各种费用共计 7200 元。

精准扶贫是爱心工程，15 级数控技术应用“3 + 2”衔接长春工大班的刘同学，他出生在一个不富裕的农民家庭，家中父亲靠打零工维持生活，母亲病重常年卧床，本就无太多收入，而刘同学自出生起就体弱多病。那时年幼，家人带着他四处求医问药，他也因此整日药不离口，常年与病魔为伴……。在县政府的指导下，村委会为他的家庭填写了扶贫手册，每年对他的家庭进行补助，精准扶贫也是爱心接力！来到这里后，学校为他免除学校各项费用的同时还对他进行了补助，让他们家轻松了些。刘同学说，一定要好好报答国家，报答学校，报答那些帮助她、关心他的老师和同学，是他们为我本来平凡而又黑暗的生命带来了温暖和阳光！我今后要做一个对社会有用的人。现在他已经衔接到长春工业大学读书。

学校设立奖学金及技能大赛奖学金，奖励品学兼优的学生。

2017 年 4 月 6 日，吉林省职业院校技能大赛中职组——计算机辅助设计(工业产品 CAD）大赛在吉林信息工程学校成功举办。来自省内 6 所学校的学生参加了这次大赛。本次大赛有三维模型生成、渲染、工程图、装配体、爆炸图，零件的外形设计、装配体的创意设计几大部分，要求同学们具有一定的机械专业的知识，并能熟练操作软件。比赛历时四个小时，由学校杨朝霞老师指导的王智民同学以 95.7 分的好成绩获得了本次大赛的第一名，获得了晋级国赛资格，实现了历史性的突破！学校奖励了 5000 元。学校为在技能大赛中表现突出的同学拿出了 50 余万元的资金，惠及了 40 余位同学。

设置“名企励志奖学金”，海尔、卓展、吉林智晟汽车模具等多家企业设立专项奖学金，表彰品技兼优学生。

14 级财会专业（卓展订单班）的王同学已经在卓展集团工作半年了，

因为是学校卓展订单班的学生，不但毕业后直接进入卓展集团工作，而且因为品技兼优，每个月都会比其他同事多挣500元。她十分庆幸能够来到长春职业技术学校学习，是学校给了她学习工作的机会，是学校让她能够比其他同事工资更高！因为是订单班，学校每个假期都会安排学生到卓展社会实践、顶岗实习，卓展对表现优异的同学都会给予一定数额的奖励，让同学们在学习与工作中更加有动力！

"幸福职教"具有强烈社会责任感和使命感，正在努力着为社会需要的人提供更多的服务，帮助他们开启幸福人生。

第三节

做己所望　拓宽成长之路　实现终身幸福

一、立足终身教育　建立终身就业机制

1965年在联合国教科文组织主持召开的成人教育国际促进会议期间，法国教育学家保尔·朗格朗在《论终身教育》的报告中首次正式提出"终身教育"的理念并对其进行深刻的论述。他认为："终身教育所意味的，并不是指一个具体的实体，而是泛指某种思想或原则，或者说是某种一系列的关注和研究方法。"概括而言，即指"人的一生的教育与个人及社会生活全体

的教育的统合。”曾为联合国教科文组织教育研究所专任研究员的R·H·戴维认为：“终身教育应该是个人或者集团为了自身生活水准的提高，而通过每个人的一生所经历的一种人性的、社会的、职业的过程。这是人生的各个阶段及生活领域，以及带来启发及向上为目的，并包括全部的‘正规的’、‘非正规的’及‘不正规的’学习内的，一种综合和统一的理念。”

1972年就任联合国教科文组织的负责人埃托雷·捷比尔认为：“终身教育应该是学校教育和学校毕业以后教育及训练的统合，它不仅是正规教育和非正规教育之间关系的发展，而且也是个人通过社区生活实现其最大限度的文化及教育方面的目的，而构成的以教育政策为中心的要素。”1976年联合国教科文组织首次对终身教育的概念作出了较为明确的概述：终身教育及终身学习，是在对现行教育制度进行再构建，或者对正规学校教育范围以外的所有教育可能性进行开发的基础上建立起的综合教育体系。在这一体系中的男性或女性，他们通过各自不同的思想及行动不断相互作用，来推动自我教育的形成；教育或学习绝不限于就学期间，而是贯穿于人的一生；要通过所有可能的手段，为了所有人的人格健全而提供必要的学习机会；提倡儿童、青少年及所有年龄阶段的成年人，在其一生的各个时期，去参加具有一贯性特点的教育活动及学习活动。

综上所述，虽然终身教育的概念解释不同，但是其内涵是一致的。主要包括三层意思：一是从时间上看，它突破了传统教育将人生割裂开的观念，认为教育应该贯穿于人一生的整个过程，人们在不同的阶段应当接受不同类型和特点的教育，这些教育内容是相互联系相互作用的；二是从空间上看，教育应该渗透到人的生活的各个方面，与实际生活相联系，将学校教育、家庭教育、社区教育作为一个联系的整体协调起来；三是从教育的目的上看，终身教育尊重人的个性和主动性，重视人的全面协调发展以及培养人们自我学习、主动学习的能力。

终身教育思想是当今世界最重要、最广泛的国际教育思潮之一，已成为很多国家教育改革的指导方针。实施终身教育，使教育贯穿于人的一生，彻底改变了过去将人的一生截然划分为学习期和工作期两个阶段的概念，促进了教育社会化和学习型社会的建立。

我国职业教育的先驱者黄炎培先生提出："使无业者有业，使有业者乐业"。"使有业者乐业"，指有业者通过不断学习，不断提高自身技术能力和水平，从而迸发出创造力，为所从事的事业做出更大的贡献，获得幸福生活。其中体现的理念就是继续教育的内涵，也是终身教育的实质所在。

同时，我们认为终身教育也是为达到平等和自我完善提供特殊机会的一项政策。终身教育和终身学习已经成为人们生存和发展的内在需求，应该成为每个社会成员的基本生存方式。例如，人的发展贯穿一生的观点，这种观点在心理思想上越来越被接受，它和教育促进个体发展相关，说明只有终身接受教育才可以达到终身的自我完善，终身教育种种可能的结果，也许正是人们接受这种理念的原因。

世界从未像今天这样发生着深刻的变化，人们的职业变换和更新从未像今天这样快，社会对终身教育的要求从未有这样迫切，职业教育从未像现在这样负载着更为神圣的使命。

《国家中长期教育改革和发展规划纲要》的战略目标中提到：构建体系完备的终身教育，学历教育和非学历教育协调发展，职业教育和普通教育相互沟通，职前教育和职后教育有效衔接。而作为终身教育体系重要组成部分的职业教育，与其他教育相比，是最为重要的环节。因此，要完善终身教育，必须大力发展职业教育。同时，职业教育必须面向终身，树立终身教育的理念，为每个社会成员在不同的发展阶段提供相应的服务。

职业教育树立终身教育的理念是一种新的职业教育理念或称为一种大教育观、大教育理念。它要求我们重新审视职业教育现有的教育思想和教育体制，包括教育目标、内容、方法和评价标准。终身教育强调教育是终身历程，包括人生发展的各种阶段和各个方面，是总体性和连续性的教育。不仅如此，终身教育还强调更新知识、拓宽视野、培养能力，增强人的发展活力和后劲，更好地适应社会经济发展，体现教育与社会、生活的紧密联系。

因此“现代职业教育要实现终身教育，不仅要为各层次学习者提供‘时时、处处’的学习机会，而且还要能在不同的教育层次和类型之间实现无缝转换，为学习者的个性发展、能力发展提供基础条件。”

职业教育要面向人人需求，职业教育体现终身教育理念的关键内涵是满足人的发展需求。现代化建设不仅需要一大批科学家、工程师，还需要数以千万计的高技能型人才和高素质的劳动者。这就需要职业教育面向大众，培养出更多的技术应用型人才，以满足现代化建设发展的需要；职业教育要将服务面扩展到所有在职业技能的获得和提升方面有需求的人。时任国务院总理温家宝2006年4月在重庆考察时指出，职业教育是面向人人的教育。个体为提高个人生活质量，有提升职业适应能力的需求，职业适应能力提升的最好渠道是通过学习获得。当前中国正处于从劳动密集型向技术与知识密集型产业转变的转型升级的时期，对人的发展提出了新的、更高的要求。

职业教育要面向终身发展，时时为每个社会成员在不同的发展阶段提供相应的服务。职业教育要在更大程度上满足社会发展和人的全面发展的需求，就必须适应经济社会的现实和终身的发展。21 世纪，科学技术的快速发展使知识更新的速度大大加快，一次性的学校教育已经不能适应知识更新和社会变化的需要，终身教育和终身学习已经成为人们生存和发展的内在需求，应该成为每个社会成员的基本生存方式。正如联合国教科文组织所指出的：“21 世纪的文盲不是没有文化的人，而是不会学习的人”“教育必须按照每一个人的需要和方便在他的一生中进行”。一个人要获得更好的工作机会和更高的生活质量，需要在一生的发展过程中随时接受教育。因此，职业教育必须面向终身。

职业教育要面向未来幸福，处处为满足每个社会成员发展需求提供服务，只有全面的终身教育才能够培养完善、幸福的人。职业教育作为与经济社会结合得最为紧密的教育，必须要面向未来。当今社会，经济发展方式不断变革，产业结构不断调整优化，出现了一些新的行业和职业。同时，许多传统的行业、职业在内涵和外延上也在不断地调整变迁。因此，职业教育要密切结合市场，既要按照当前的社会需要去培养人才，又要前瞻性地设置未来需要的专业和课程。这样，职业教育才能在不断的改革创新中保持强大的生命力，帮助人们实现可持续发展、人生幸福的目标。

学校在2010年建立了由纵向（初、高中生源基地—职业学校—企业）、横向（中专学历—大专学历—本科学历）、垂直（在职人员就读职业教育和接受技术培训的终身教育）三个方向构成的立体育人模式。

2013年在国际终身教育思潮影响下，借鉴国际终身教育理念，通过“互通衔接”“多元分级”形式，在原有模式基础上，进行更高层次的探索，提出“学习—就业—继续教育—更高层次就业”的终身教育与就业模式。

“互通衔接”。主要指在学历教育内，中高职院校通过打破终结性教育的“天花板”，与高一级院校衔接培养，或者本级院校内部拓展培养的方式，实现中职、高职、本科、硕士研究生的学习上升路径。如中高职“3+2”或“3+3”分段培养，中职与普通本科“3+4”分段培养，在“中高、中本”的培养形式中选择继续升学，拓展了学习发展空间，拓宽了人才成长渠道。与德国柏林职业教育集团、韩国全州纪真大学、尼日利亚、伊朗等国家的国际合作，学生可以根据自己成长的需要和个性发展的需要，如有的学生喜欢去欧洲国家、有的喜欢亚洲国家等。学校拓宽渠道为学生创造条件，让每名学生都能找到适合自己发展的平台，选择继续升学或技能提升教育。打通架设立交桥的方式来实现衔接拓展，打通学生的学习上升的通道，架设起中职、高职、本科、国内、国际协调发展的立交桥，圆了职教学子的求学梦，圆了百姓家庭的幸福梦。

“多元分级”。主要是指职业教育依据技术技能型人才成长规律，将职业教育进行纵向分级设置制度。在分级制中，实施连续学习与弹性学习相结合的学习制度和教学管理模式，完善职业资格证书制度，设计科学合理的考试内容和方式，无论是学龄学生，还是成人，在任何时候均可以进入分级制学习系统，形成了学习者多元化的格局，使其在最大程度上体现价值。分级制拓宽了现有的办学功能，扩大了资源范围，增加了人们接受职业教育的机会和可选择性，这样才能使每一个社会成员都可以在这一体系内为达到各自职业发展目标，不受年龄、时间、空间限制，采用多次学习、远程学习、非连续性学习等形式，实现人人可学、时时可学、处处可学的目标。

学校在“幸福职教”建设实践中得出：终身教育与终身就业强调的是教育在人的发展过程中的持续性的理念和教育应最大限度地开发人的潜能的理念，这必然要求建立一个完整的、符合人类发展需求的职业教育体系，提高职业教育层次，随着经济、社会、文化的不断发展，职业教育理念也要不断地改革和创新。同时，作为学习型社会中的职业教育，要有一个明确的培养人才长远发展的理念，提高学生的综合素质和专业素养，在教育过程中贯彻终身教育理念，为每个人的全面发展提供条件，为社会持续发展提供人才保障，为构建终身教育体系与学习型社会做出贡献，在实现“两个一百年”目标和中华民族伟大复兴中国梦进程中起到重要作用，最终实现国家富强、民族振兴、人民幸福的伟大目标。

二、依托国际合作　培育国际化人才

改革开放以来，我国职业教育积极开展国际合作与交流，与全球五大洲的 30 多个国家建立了合作与交流关系，形成了多层次、多形式、宽领域的交流格局。与此同时，我国职业教育国际化水平总体还较低，国际能力在人才培养方面仍是薄弱环节，国际合作交流规模相对于职业教育规模极不相称，合作交流水平有待提高。面对经济全球化不断深入、人才竞争日趋激烈的世界大势，加快发展现代职业教育过程中，必须进一步坚持以开放促改革发展，加快推进职业教育国际化，全面提升技术技能人才的国际能力。

全球化深入发展，职业教育国际化及国际能力培养成为国际关注焦点。经济全球化深入发展，世界范围内生产要素和人才流动规模日趋扩大，深刻改变着人们的工作和生活。以外语能力、国际专业能力、跨文化能力为主要内涵的国际能力受到广泛关注。以提升职业人才国际能力为目标，职业教育国际化也越来越受到重视。

联合国教科文组织先后出台多个文件，明确提出“现代世界的每个人都需要获得跨文化能力”，建议各国加强教育国际化，强调“职业教育要促进国际理解和包容，培养具有全球视野和责任意识的公民”，倡导加强职业教育国际合作。

欧盟大力提升学生国际能力。一是将外语能力作为终身学习关键能力之一，制定实施多语言战略；二是不断深入推进欧洲内部职业教育国际化，提高欧洲职业教育体系和职业资格在欧洲及全球范围的认可度；三是大规模开展职业教育师生交流，目标是至2020年资助65万师生境外学习。

美、德、英等大国也重点实施相关计划和项目，支持职业教育机构构建国际合作与交流网络，开展师生交流，培养学生国际能力。美国2006年起实施以国际化为重点的社区学院项目；英国先后发布系列战略文件，将国际化要求融入各级各类教育；德国将培养全球视野和全球责任意识作为职业学校的使命任务，将培养国际能力作为职业教育基本目标，融入职业教育教学标准和课程，贯穿到职业教育全过程。

中国深入融入全球经济社会进程，迫切需要加快推进职业教育国际化。当前，中国已是世界第一大商品贸易国、第二大服务贸易国，中国资本、商品和服务大规模流动，人们工作和生活与国外的标准、规则、语言、文化、观念等对接日益增加，但国民外语能力、跨文化能力整体较弱，国际意识有待加强，必须重视并大力加强职业教育国际能力的培养。

随着国家全方位对外开放和“一带一路”的实施，中国经济与世界融合将进一步加深，对具有国际能力的专门人才的需求将进一步扩大，职业教育需加大力度培养国际化的职业人才。此外，也可把职业教育作为履行大国责任的重要手段，将其纳入对外发展援助合作，帮助合作国发展职业教育，为经济社会发展奠定人才基础，同时还可为企业和产品“走出去”的目标地区培养当地人才，实现互利双赢。

加快发展现代职业教育，是新时期职业教育改革发展的新任务。近年来，我国职业教育国际合作与交流愈发呈现出多样性特征，已经从政府间合作逐步拓展到校际合作、专业合作，从单纯引进国外职业资格证拓展到开发国际化的专业教学标准，极大地推进了职业教育国际化进程。《国家中长期教育改革和发展规划纲要》明确提出，要“加强中小学、职业学校对外交流与合作”，职业教育的开放和合作正成为促进我国职业教育未来发展的重要举措。

国家已形成现代职业教育体系基本架构，但职业教育内涵发展、提高质量任务依然繁重，必须继续坚持扩大职业教育开放，把握全球化这一时代特征，在国际教育发展的大坐标中，以世界眼光来谋划建设现代职业教育体系，以国际化促进现代化。

借鉴国际职业教育体系，创新多元发展的制度框架。随着知识经济的发展，社会中产生了很多新职业，特别是在服务行业领域，许多国家正在尝试将教育、培训与就业结合起来。早在20世纪60年代，美国职业教育就形成了由中等职业教育、高中后职业教育和高等职业教育组成的全国职业教育基本体系。这种体系的实体机构主要包括综合高中学校、职业学校、地区性职业教育中心、社区学院和企业培训中心。多样的机构形成了美国多样的职业教育办学方式，美国职业教育教学具有较强的灵活性和开放性，强调教学和生产实践相结合，学生在所学的应用型专业基础课程基础上，可以申请继续深造，进入有相应专业的四年制大学学习专业课程。除美国外，日本的职业教育贯穿于整个学校教育的始终，法国以学校教育为基础的大规模、多层次、多类型的职业教育体系，瑞士及西班牙“职业教育普通化、普通教育职业化”的教育体系，这为我们的发展开拓了新的视角和思路。

在发展现代职业教育的今天，学校进一步贯通学生发展通道，学生毕业后，既可以选择到高职继续就读，也可以进入普通高等院校就读，为学生提供了更为广阔的发展空间。

1. 发挥现有教育国际合作平台作用，巩固与韩国、日本等国合作成果，拓展领域、提升水平

面向汽车制造产业，做强新能源汽车技术专业建设，面向工业机器人产

业，建设德国工业 4.0 学习工厂及德国国际焊接培训认证中心，实现制造强国战略，同时我们还和南非、伊朗、尼日利亚合作，在进行国际培训和技术输出的同时，为学生走出国门创造条件。

图 3-57　学校与尼日利亚合作

与尼日利亚石油科技发展基金会（PTDF）合作，联合开展职业技术人才培训，为尼日利亚培养技术技能型人才。全面开展国际教育，培养学生的国际能力。

引入国际职教教育模式，深化校企间的合作与互动。在推进校企合作的过程中，长春职业技术学校不断借鉴英国“现代学徒制”及澳大利亚 TAFE 学院和“新学徒制”教育理念，将企业纳入职业教育的人才培养体系之中。从最初校企合作的各种企业冠名班，到目前校企间专业、师资、课程、教学等全面的合作，校企合作已成为学校发展的基本路径。在校企合作的背景下，充分发挥长吉图职业教育集团优势，拓宽跨国企业与职业教育的合作。

丰富国际合作交流方式。目前，学校进行国际交流的方式有以下几种：一是聘请外籍教师或专家开办讲座；二是派遣教师赴外方学校短期进修，2013年开始，学校重点支持以专业学习为主，陆续派遣专业教师出国访问、进修、考察20余次；三是培养一批“双语型”骨干教师。加强外语教学，突出职业教育特点和外语应用能力，抓好外语课程标准和教材建设，改革教学方式方法，提高教学质量和效果。提升教师国际能力，将外语教师纳入教师培训，把国际能力作为教师培养培训内容，培育一批“双语型”教师，并把教师是否具有较高的专业知识和专业技能作为专业课教师任职资格的基本要求。教师专业素质和外语水平的提高，有效推动了学校的专业教学和课程改革。

2. 开发国际水平的专业教学标准，在合作中扩大资源共享

国际化的人才培养标准基于国际化的专业教学标准，而这一教学标准正是基于行业标准。2012年，教育部出台《关于借鉴国外先进经验，开展职业教育部分专业教学标准开发试点工作的通知》（教职成司函〔2012〕86号）。

学校借鉴国外先进经验，展开部分专业教学标准开发工作，其目的就在于满足发达和先进地区支柱产业和特色产业发展需求，发挥区位优势和资源优势，大胆探索，培养出具有国际视野的高素质技术技能人才。将国际行业技能标准融入专业课程内容，提出要将“国际行业标准、生产标准、产品标准、服务标准等融入相关专业的教学过程，引导学生掌握国际通行的技术规范、服务规范，增强学生的国际交往能力”。为此，专业教学标准中，既有

对国外相关行业和岗位领域的知识和技能要求，又包含了对软技能的课程和教学要求，对教师的要求和以往的教学标准有了很大提升，按此标准培养出来的人才对更高层次和领域的岗位适应性将更为增强。

3. 建立国际职业资格证书基地，在对接中实现课程改革

国家鼓励引进国外优质教育资源，而专业与课程是优质教育资源的核心体现。在国际职业资格证书引进与中外合作方面，学校也做了大量的工作。学校和德国柏林职业教育集团开展国际合作，引进“中德智能制造产业人才培养示范基地”项目，开展焊接专业国际职业资格认证。通过这些合作有力地促进了学校教育人才培养规模与认证同国际的接轨。

总之，加快推进职业教育国际化，是加快发展现代职业教育的要求，也是全球化深入发展的时代要求。新时期，学校积极“引进来”，进一步广泛借鉴国外先进理念和有益经验，进一步扩大引进国外优质教育资源；主动“走出去”，与世界各国职业教育进行对话、对接，与世界分享中国经验和发展成果，全面提升国际化水平，为职业教育内涵发展、提升育人质量、培育国际化人才做出新贡献。

三、探索“社区大学”模式　建立人人皆可成才机制

社区教育实体的名称可以叫作社区教育中心，也可称为社区学院。社区教育这个概念引自美国，在美国社区学院提供大学一到二年级的教育，学生毕业后可继续读正规大学。在中国，社区学院一般是负责成人教育和职业教育的机构，相当于专科院校。

社区学院是进行以职业教育为主的普通高等教育机构。其根本目的是建立主要面向地区、服务地区的高等教育的新模式，适应地区经济和社会发展对高等教育尤其是高等职业技术教育的需求，推动高等教育深化改革。社区学院实行普职成渗透、职前职后沟通、学历与非学历教育并举的人才培养。

美国社区大学（Community College）的历史可以追溯到19世纪末芝加哥大学首任校长威廉·雷尼·哈珀提出的大学“2+2”教育模式的设想和“初级学院”（Junior College）的概念。这种设想的思想基础是大学头两年应该追求源于欧洲中世纪的自由文理教育，也就是我们常说的通识教育，后两年才进入专业化的教育。1901年，位于美国伊利诺伊州的Joliet Junior College成立，美国第一所教授大学初级课程的社区大学登上了历史舞台。但是，随着20世纪30年代的经济大衰退，社区大学开始提供实用性的职业化课程，以便缓解当时的失业问题。第二次世界大战结束以后，大量的军事工业转型生产消费品，对技工有大量的需求。退伍军人回到家乡，找工作谋生需要学习技能；1944年通过的退伍军人法案（GI Bill）鼓励退伍军人重返校园接受教育和培训，这些因素都促使社区大学的职业培训课程蓬勃发展。

20世纪70年代以前，这类两年制的大学一般通称为“初级学院”（Junior College）。由于初级学院吸引了大量的本地学生，并且很多经费来自本地税收，初级学院的名称也逐渐演变为社区大学（或社区学院）。

金融风暴不仅让许多高校毕业生找不到饭碗，也导致许多人交不起大学学费。如此一来，选择全日制大学的美国人在减少，社区大学成为一个理想的选择。美国前总统奥巴马宣布了一项“美国人毕业倡议”：计划在今后10

年投入120亿美元资助全美社区大学，鼓励更多失业者进入社区大学学习，为再就业做准备，并计划2020年有500万人从社区大学毕业。美国前总统克林顿称社区大学是美国的最佳特色。

美国社区大学已有百余年的历史，社区大学遍布美国各地，每个州都设立了完备的社区大学系统，根据美国社区学院协会（AACC）的最新统计，目前美国共有1171所社区学院，其中公立的992所，在经济上依靠百姓纳税的支持。今天，全美国有44%的大学生在社区学院就读，有1040万。其中540万为学分制学生，500万为非学分制学生；63%为兼职学生，37%为全职学生。

美国社区大学的特点：一是学费便宜。如每周上课一次，每次3小时，15个星期一学期，考试通过，获得3个学分，共60美元学费，即平均每小时1美元多点儿。二是试课期间可随时退课。试课期间，可随时试课随时退课，停车场也不用付停车费，教科书也可以退。三是教学制度严格。学期缺课不得超过12%，15周中，最多只能休息一次。四是学生没有年龄限制。从十多岁的“小生”，到五六十岁的“老生”，老师一视同仁。

美国社区大学大多是公立学校，提供两年制的一般教育课程，毕业时颁发副学士学位。之后，学生可以转到四年制大学或学院继续念书，修得的学分在大多数学校间是相互承认的。社区大学多由各级政府资助，只是象征性地收取一定学费。

社区大学在美国和欧洲有些国家已成为当地人不可或缺的选择，由于社区大学实现公开入学机会和公平就学，对终身学习的承诺包括了提供学分的和非学分的课程、活动以及计划等，通过这一切来丰富和满足了社区大学所服务社区（地区）的人民的学习和生活需求。

作为美国高等教育系统的重要组成部分，社区大学的出现和发展填补了美国传统大学教育系统的某些空白。社区大学已经从最初单纯的升学教育发展为涉及职业教育、升学教育、继续教育以及社区服务等多方面内容为一体的教育体系。这不仅使美国多层次、多类型教育机构的布局更加合理，而且也满足了多样化人才的需求，同时也推动了美国的高等教育由精英阶层向大众化普及。

两次进入太空的美国第一位女航天员 Eileen Collins 曾经上过社区大学。制作《星球大战》的美国最成功的导演、制片人 George Lucas 上过社区大学。两次获得艾米奖的 PBS 著名主播、主持人 Jim Lehrer 上过社区大学。甚至获得诺贝尔化学奖的罗伯特·布鲁斯·梅里菲尔德（R. Bruce Merrifield）也是在加州的社区大学 Pasadena City College 就读后，转入加州大学洛杉矶分校完成本科和研究生学习的。

被称为世界第一个人造生命细胞制造者的克雷格·文特尔（John Craig Venter），两次被《时代周刊》评为 100 位对世界影响最大的人。他越战期间在美国海军服役，退伍后进入加州的社区大学圣马帝奥学院（College of

San Mateo)，之后转入加州大学圣地亚哥分校，获得生物化学学士、生理学及药理学博士。他是世界上最著名的合成生物学家和基因组学家，是首位完成人类基因测序，并且用合成基因的方法“创造生命”的人。可是这位科学巨人读中学时成绩非常不好，他曾经自我爆料说，他上中学时有严重的少年多动症，8 年级的成绩都是 C 和 D。后来，他通过对自己的基因检测，发现他有少年多动症的基因。

这些成功的案例说明，社区大学为所有人创造了实现成功成才和幸福生活的机会。

而中国的教育与社会没有紧密结合，存在国民教育体系重视正规教育，忽视非正规教育和非正式教育，获得教育机会的渠道狭窄、教育费用高、提高社区民众素质的社区教育不够发展等问题。因此，建设和发展社区大学是解决这一主要弊端的重要措施。

学校积极探索“社区大学”模式，与当地政府进行协商，共同建立社区大学机制，为社会各个层次、各个年龄段的人提供学习提升和就业的机会，满足个人终身学习和发展的需求，提高国民素质，让更多的人实现终身幸福。

第四章

媒体声音

第一节

规矩教育

图 4-1　媒体专访长春职业技术学校王家青校长

当前，长春市职业教育发展如火如荼、蒸蒸日上，长春市品牌中职学校锐意进取、争优创先，中职学校的校长们求实创新、殚精竭虑，中职学校的学子们精神饱满、苦练技能……。尤其值得关注的是，在长春市职业教育改革和发展过程中涌现出的一批优秀的职校校长们，他们以发展职业教育为己任，以培育更多高精尖蓝领人才为办学追求，以帮助更多学子用技能改变命运从而实现人生价值和社会价值为事业目标，兢兢业业、无怨无悔。长春职业技术学校王家青校长便是最优秀代表，他所提出并倡导的规矩教育、人格教育、技能教育和学历教育勾勒出了长春职业技术学校的育人特色和发展前景。即日起，就让全省读者、家长和莘莘学子共同领略和感受王家青校长的治校理念和育才情怀，共同了解和体会长春职业技术学校的全国影响力和感召力。

树立国家示范校楷模　全力打造全国名校

——长春职业技术学校王家青校长独家专访之规矩教育篇

城市晚报（记者　沈雪峰/报道）

俗话说："无规矩不成方圆"，王家青校长深以为是，这也是他将"规矩教育"纳入办学理念首位的原因。用他的话讲，学生只有先做好人，才能做好事，而要想做好人，就得养成良好的"规矩"，"规矩教育"由此应运而生并贯穿教学育才始终。

王校长告诉记者，职业学校的学生大多来自社会中下层，并以农村居多，更有一部分学生出自单亲家庭，因此日常生活规矩相对较为欠缺，表现在文明礼貌欠缺、学习规律习惯、社会规矩欠缺等，那么针对生源的实际特点，学校重点推行"规矩教育"，力争培育学生良好的学习习惯、生活习惯、处事习惯，确保学生拥有健康的心理和完善的人格。可以说，"规矩教育"

是“人格教育”“技能教育”和“学历教育”的先决条件。

1. 潜移默化的德育教育是学生思想健康的源泉

学生的思想工作历来是各类学校比较棘手的学生管理问题，但这个“烫手山芋”在长春职业学校却得到了非常完满的解决，这均得益于学校实施的锲而不舍的德育教育，这是确保学生思想健康的强有力方式，因此上至学校领导，下至普通教职员工，始终将德育教育放在教育教学工作的重要位置，一分一毫也不曾懈怠。

学校的德育教育工作追求灵活、有趣，不刻板、不单调，并充分融入学生的学习和生活中，学校推出“学习雷锋月”“法制教育讲坛”“职业生涯规划”“就业指导”“形体训练”等特色活动，提升学生形象气质，加强学生道德培养，提高学生职业操守，让学生处理问题和事情的能力逐渐成熟。

2. 丰富多彩的社团活动是学生积极进取的动力

社团组织不仅是学生展示自我、张扬个性的平台，也是学校教育学生、改变学生的窗口。在促使学生完成既定理论课程和实践课程的同时，学校通过各类社团组织定期开展一系列有意义、有特色、有内涵的社团活动，一方面丰富了学生的学习及业余文化生活，另一方面也很好地锻炼了学生的组织能力、执行能力、沟通能力、协调能力和开拓能力等。

学校成立了轮滑、街舞、绘画、主持、魔术、茶艺等社团，为学生的特长发展提供广阔的舞台，学校每学年都要组织“一二·九演讲比赛”“成人节宣誓”“校园文化艺术节”等各种文娱和体育活动，这些活动不仅满足了学生的业余文化需求，也使他们在活动中形成健康的心理和良好的习惯，学校的篮球队也一举获得吉林省、长春市高中、中专篮球比赛中专组第一名、团体第一名的好成绩。

3. 争优创先的技能大赛是学生价值体现的砝码

技能大赛历来是学校的“拿手项目”，由于学校平时教学始终将培养扎实过硬的职业技能作为教育教学的核心，因此学生们的实战技能便在各类国家级及省级大赛中得到了淋漓尽致的体现和发挥，在各种技能大赛中赛风卓越、成绩斐然，不仅见证了学生们技能的出类拔萃，更见证了学校规矩教育的累累硕果、精益求精的办学品质和教学质量。

李扬威同学在全国职业院校学生农业技能大赛中荣获三等奖。

王超、赵海航同学荣获全国中职“丰田杯”汽车运用与维修技能大赛团体赛二等奖，王远卓同学荣获机修（个人）赛二等奖，这是有史以来吉林省职业学校在汽车专业技能大赛上取得的最好成绩。

秦勃同学在全国职业院校农业技能大赛中获得农机具维修项目二等奖。

肖爽同学在一汽股份公司参加工作不久，就参加了一汽股份公司员工技能大赛并在比赛中表现突出，获得补漆项目第二名，令一汽轿车公司的领导和员工大为赞叹，为此一汽轿车股份公司特向学校发来贺信，对学校培养出如此优秀技能型人才表示感谢。

王俊辰等同学在吉林省汽车专业技能大赛中获得团体一等奖。

在全省中等职业学校学生 CAXA 杯技能大赛中，学校获得团体车工组一等奖、数控组三等奖，孙立杰同学获数控车一等奖，鲍鲛鳙同学获普车二等奖。

……

第二节

人格教育

当前，长春市职业教育发展如火如荼、蒸蒸日上，长春市品牌中职学校锐意进取、争优创先，中职学校的校长们求实创新、殚精竭虑，中职学校的学子们精神饱满、苦练技能……。尤其值得关注的是，在长春市职业教育改革和发展过程中涌现出一批优秀的职校校长们，他们以发展职业教育为己任，以培育更多高精尖专业化技能型人才为办学追求，以帮助更多学子用技能改变命运，从而实现人生价值和社会价值为事业目标，兢兢业业、无怨无悔。长春职业技术学校王家青校长便是其中的优秀代表，他所提出并倡导的“规矩教育”“人格教育”“技能教育”和“学历教育”，以特色鲜明的教学理念和突出的办学成果，在中职学校中独树一帜。在这里，我们将通过王家青校长的治校思想和育才情怀，去领略长春职业技术学校成为国家示范校的楷模风采。

树立国家示范校楷模　全力打造全国名校

——长春职业技术学校王家青校长独家专访之人格教育篇

城市晚报（记者　沈雪峰/报道）

究竟什么样的教育更适合人才培养？究竟什么样的职业教育才能让职校生成为更优秀的技能人才？相信这不仅是所有教育工作者和职业教育优秀校长们共同思考和探索的问题，也是千千万万学生家长共同关注和议论的话题。自上周本报独家专访长春职业技术学校王家青校长谈“规矩教育”后，在社会上引起强烈反响，可谓“一石激起千层浪”，许许多多家长对王校长的教学思想和理念高度认可、深笃为信，特别是对众多想要把孩子送到职业学校就读的学生家长来说无疑是一针“强心剂”，不仅坚定了他们把孩子送到职业学校学习技能的决心，同时更激发了他们在孩子接受职业教育后一定能够成为有用之才的信心。

“人格教育”作为王家青校长治校理念中的重要组成部分，充分体现了他“以人为本”的教育原则和育人立场，用他的话说：职校生拥有健全的人格，才能具备责任意识及对社会、对家庭、对父母、对朋友、对自己的社会责任感，这对当前乃至未来职业教育来说至关重要。

1. 让学生明白“人格培养”关乎命运

王校长表示，“万事德为先”，拥有良好的道德品质和具有良好的人格都是做人的基本要求，教育的目的，是培养“人”，是让一个“人”拥有健全的人格，拥有思考问题、判断问题、解决问题的综合能力。“人格教育”对于在基本素质、知识底蕴和处事思想等方面相对弱势的职校生来说，具有更重要的现实意义，也是当前职业教育需要努力去解决和完善的“焦点课题”。因此学校从根源抓起，在学生一进入学校校门，就进行以“人格教育”为主题的入学教育，让学生深切感受到这个不同于中小学教育的教育形式和教育内容，并深刻认识到人格在人的一生当中的重要作用。学校把“人格教育”贯穿到整个教育教学过程当中，把校园内同学之间发生矛盾的解决、发生事件的分析插入到实际教学，以此更深入地培养学生的优秀品质。学校把学生日常行为的考评作为就业标准，促进学生的职业选择，建立出口管理模式，督促学生在校期间注重人格培养。

2. 让学生体悟“责任意识”重若千金

“缺乏责任意识是当前职校生普遍存在的不可忽视和回避的思想问题，因此进入职校的重要一课便是让学生体悟到‘责任意识’的重若千金，也只有通过全面、系统、丰富的‘人格教育’才能唤起职校生对‘责任’的重视和履行……”王校长针对职校生存在的思想问题，全面实施“人格教育”，让学生们知道什么是对自己负责、什么是对学业负责、什么是对技能负责、什么是对将来事业负责。学校着重培养学生干部，并通过他们，以点带面，带动所有学生，让他们进行自我管理和自我完善，同时给他们机会参与到学校管理中，让学生建立为自己负责，为学校负责、为家人负责、为社会负责的观念，增强责任意识，提高社会责任感。

3. 让学生浸染“养成教育”全面发展

王校长认为，职校生欲成为市场经济合格的蓝领人才，首先要具有爱岗敬业的责任心和任劳任怨的责任感，要具有能够不断加强和提升“责任意识”的“健全的人格”，这就需要通过一系列的“养成教育”来让学生在耳濡目染中形成健全人格的“基因”，从而不断提升自己、不断丰富自己、不断完善自己，让每个学生个体都能在健全人格的塑造中收获技能上的出类拔萃和学历上的与时俱进。每个学生都是这个大家庭的一分子，学校采取对学生进行规范化管理模式，特别在职业技能训练方面，在教学过程中，注重学生职业规范和职业道德教育，规范学生学习行为和道德行为，不仅有利于促进校园内的和谐与稳定，同时促进学生养成良好的学习、生活和工作习惯。

第三节

技能教育

当前，长春市职业教育发展如火如荼、蒸蒸日上，长春市品牌中职学校锐意进取、争优创先，中职学校的校长们求实创新、殚精竭虑，中职学校的学子们精神饱满、苦练技能……。尤其值得关注的是，在长春市职业教育改革和发展过程中涌现出的一批优秀的职校校长们，他们以发展职业教育为己任，以培育更多高精尖蓝领人才为办学追求，以帮助更多学子用技能改变命运从而实现人生价值和社会价值为事业目标，兢兢业业、无怨无悔，长春职业技术学校王家青校长便是其中的优秀代表，他所提出并倡导的规矩教育、人格教育、技能教育和学历教育勾勒出了长春职业技术学校的美好发展蓝图。即日起，就让全省读者、家长和莘莘学子共同领略和感受王家青校长的治校思想和育才情怀，共同了解和认可长春职业技术学校的全国影响力和感召力。

树立国家示范校楷模　全力打造全国名校

——长春职业技术学校王家青校长独家专访之技能教育篇

城市晚报（记者　沈雪峰/报道）

“要想让社会更好地重视职业教育，让广大学生及家长、企业认可职业教育，当务之急是要全面打造职业学校过硬、可信的技能教育创新体系，这不仅是职业教育改革创新的重点，也是国家教育体制改革的重要环节之一。作为国家示范校，长春职业技术学校力争在这方面先迈出实质性的一步。”长春职业技术学校王家青校长在谈及国家职业教育改革和我省职业教育发展时，对“技能教育”的功能和作用予以了充分肯定和高度定位。

“技能教育”作为职业学校招生和就业的“王牌”，已被越来越多的职业学校提上教学改革日程和战略发展要位，长春职业技术学校在“技能教育”打造上旗帜鲜明、统筹兼顾、多管齐下，收到了事半功倍的良好效果，为所有职业学校提供了经典学习“范本”。

1. 推行“理实一体”的实训模式

在王校长亲力亲为的积极努力和促动下，长春长吉图职业教育集团为全面完成国家示范校建设“保驾护航”，加入集团的企业和学校均达成战略合作意向，进行深度的校企合作，同时建立“中学生源基地校”，确保生源的稳定和持续。生源基地、培训基地、就业基地的“纵向链”，中专、大专、本科学历提升的“横向链”，加上确保学生终身就业的“垂直链”，形成了职校战略发展的“完美链”。学校全面推行“理实一体“教学，建立完善和先进的实习实训设施，为学生“理实一体”实训模式创造条件。学校投资1700万新建和改造了国家级汽车实习实训基地中心、机加实习实训中心；投资300万元建立了焊接、轨道、酒店、会电等专业的实训基地；投资2300万元新建综合教学楼；投资650万元建设数字化校园；投资26万元新建呼叫中心；通过感观引导学习理论，通过理论激发学习兴趣，促使学习效率最大化和最优化。

2. 铸战斗力强的“双师型”队伍

师资力量是一所学校教学水平和就业质量的根本保障，有了好的师资队伍，人才培养才会精益求精，全力打造战斗力强的“双师型”队伍是王校长提高师资力量的“战略筹码”。加强师资队伍建设，校企共同培养师资，把企业先进工艺搬到课堂上来，把规范的培训程序送到车间里去，让企业对学校教育更加认可。

学校聘请一汽专家王洪军，吉林省机动车维修行业协会秘书长吴东风、吉林省金恒财务管理咨询集团董事长兼总裁李淑娟等企业行业专家走进学校、走进课堂，学校聘请能工巧匠 1 人、行业专家 5 人、外聘教师 76 人。参加国家级培训 24 人，省、市级培训 46 人，教师下企业实践人数 77 人，实践的企业 34 家，现有市级专业带头人 6 人，市级骨干教师 35 人。

3. 扩大校企合作建校外实训基地

加快校企合作步伐，全面推进“车间进校园、课堂进车间”的办学思路和教学模式。瞄准新兴行业、开设新专业，根据企业需求，在国家规定的教学大纲内有效调整授课内容，基于企业工作流程确定教学方法，使学生到企业不用二次培训，降低企业用人成本，减少学生在学习时间上的浪费。与此同时，学校大力建设一流的实习实训基地和一批校外实训基地，为学生随时随地提升技能和“技术回炉”创造了得天独厚的条件，为学生与企业岗位人才需求的“无缝对接”提供了良好的“补给保障”。

学校先后与中国第一汽车集团公司、吉林省高速公路管理局、吉刚汽车贸易集团、北车集团长春轨道客车装备有限公司、吉林亚泰（集团）股份有限公司、长春市轨道交通集团、长拖农业机械装备集团有限公司、长春欧亚集团等 73 家企业签订了校企合作协议，建立了“企业冠名班”，毕业生供不应求，成为全省大、中型企业的人力资源培养基地。

4. 强化技能培养着力“订单教育”

“学校始终贯彻一种为社会负责任的思想，打造学生可靠技能为社会服务，大力开办企业急需的对口专业，其中轨道交通、高速公路、车身修复、客户信息服务等 6 个专业填补了吉林省中等职业学校空白。学校所有专业实行‘订单制’，具体体现形式为‘先选企业、再选专业、最后确定学习内容'，使职业教育的科学性得以充分体现。”王校长每每谈及学生的技能培养都会与担负社会责任紧密联系到一起。学校成功与一汽轿车股份有限公司、一汽解放汽车有限公司、四川一汽丰田汽车有限公司长春丰越公司、一汽通用轻型商用汽车有限公司、北车集团长春轨道客车装备有限公司、长春市轨道交通集团签订人才培养协议，建立了“企业冠名班”，毕业生供不应求，为社会培养了大批优秀的技能型人才。

2010年学校与长春市慈善会联手，在资金困难情况下对400名吉林省洪涝灾区的学生和200名困难家庭成员，实施全程免费教学和培训，采取专业学习与速成培训加心理疏导、榜样激励、传统教育等多种方式相结合的办法实施“智志双扶”。学校对困难学生的帮扶工作常抓不懈，建立了完整的帮扶机制和专项资金，形成了系统的帮扶方案和措施，受助学生已经达到几百人。

2012年7月4日，学校与市总工会启动“金秋助学”项目，学校将成为市总工会人才培养基地，在困难企业、困难职工、困难农民工人才培养方面长期合作。

学校还积极探索可持续职业教育新模式，满足多行业、多工种的需要，学校提供年均2000人次以上的培训服务；建立了培训富余劳动力和农民工项目，人数达到324人，培训专业涉及汽车、客车零部件的装配、电焊工、站务等；与高新技术开发区、经济技术开发区等合作，为社会再就业和新农村建设做出了突出的贡献。

第四节

学历教育

当前，长春市职业教育发展如火如荼、蒸蒸日上，长春市品牌中职学校锐意进取、争优创先，中职学校的校长们求实创新、殚精竭虑，中职学校的学子们精神饱满、苦练技能……。尤其值得关注的是，在长春市职业教育改革和发展过程中涌现出的一批优秀的职校校长们，他们以发展职业教育为己任，以培育更多高精尖蓝领人才为办学追求，以帮助更多学子用技能改变命运从而实现人生价值和社会价值为事业目标，兢兢业业、无怨无悔，长春职业技术学校王家青校长便是其中的优秀代表，他所提出并倡导的规矩教育、人格教育、技能教育和学历教育勾勒出了长春职业技术学校的美好发展蓝图。即日起，就让全省读者、家长和莘莘学子共同领略和感受王家青校长的治校思想和育才情怀，共同了解和认可长春职业技术学校的全国影响力和感召力。

树立国家示范校楷模　全力打造全国名校

——长春职业技术学校王家青校长独家专访之学历教育篇

城市晚报（记者　沈雪峰/报道）

长春职业技术学校王家青校长曾指出："要想让社会更好地重视职业教育，让广大学生及家长、企业认可职业教育，当务之急是要全面打造职业学校过硬、可信的技能教育创新体系，这不仅是职业教育改革创新的重点，也是国家教育体制改革的重要环节之一。作为国家示范校，长春职业技术学校力争在这方面先迈出实质性的一步。"从王校长的话语中我们充分看出了技能教育在整个职教系统中的重要地位和作用，这是否意味着学历教育无足轻重了呢？是否意味着职校生只要学会了扎实的实用技能就"一劳永逸"了呢？

"并非如此，随着职业教育品牌、品质的不断提升和社会对技能型人才素质要求的与日俱增，对职校生来说，仅仅技能过硬还不能算是较为优秀和合格的人才，拥有技能的同时提升学历也是不可或缺的发展'硬件'，学历教育的重要性丝毫不亚于技能教育。"王校长一语中的。

1. 学历是职校生应突破的学习"瓶颈"

王校长告诉记者，绝大多数选择读职业学校的学生都是学习成绩非常不理想的，也是学习兴趣极其淡薄的，因此希望通过技能学习来实现将来的良好就业。尽管如此，学校始终把学历教育放在整个教学体系的重要位置重点来抓，学校全面推行"理实一体"教学模式，通过感观引导学习理论，通过理论激发学习兴趣，促使学习效率最大化和最优化，为学历教育的顺利实施起到了事半功倍的良好效果。

学校在学生入学之前，根据学生自己的兴趣选择专业，倡导学生发挥自身特长，通过校园汽车文化广场、传动文化广场、焊接文化广场三个主题文化广场的建设，激发学生的学习兴趣，感受到浓厚的校园文化内涵和专业特色，让学生主动完成学业，完成技能课程。

2. 学历教育使技能教育“锦上添花”

如今，越来越多的职校生都不约而同地表达同一个想法：“既想学到一手好技术，又想拿到一纸大学文凭。”其实，这已不再是遥不可及的梦想，长春职业技术学校通过对技能教育和学历教育的充分重视，让每个选择职业学校的学子轻松“梦想成真”，既学到扎实实用的职业技能，又拿到让人艳羡的学历文凭，可谓“两全其美”，“左手学历，右手技能”，美好未来就掌握在自己的手中。

学校不断探索提升学历的途径，深入探索中高职、普职对接等多种形式，2012 年，学校与长春职业技术学院、吉林交通职业技术学院进行中高职对接，建立 3 + 2 高职班，让企业在 5 年的教学时期内全程参与，形成“校—企—校”的培养体系和多层次的学历教育，学校向实现终身教育迈出坚实的一步。对于特殊专业进行自主招生，单独考试，提升学生的自尊心和自信。

3. 让学历和技能成学生就业“双保险”

长期以来，长春职业技术学校一直在研究和探索学生学历和技能双重提升的优化路径，为学生提供多层次、多选择的学历教育层次提供畅顺通路，充分体现出继续教育的重要性和必要性，为职业教育创新改革做出新的有益尝试。在我省教育各级部门的重视和助力下，学校率先成立了“吉林省高等教育自学考试学习服务中心”，学历教育拓宽了毕业生的就业发展之路，让他们实现了尊严就业，同时带动越来越多的职校生通过技能和学历的“双保险”来实现完美的人生价值和社会价值。

如今学校的办学质量不断得以提升，具有很强的社会影响力和很高的信誉，学校成功承办了全国汽车职业教育教师教学能力大赛预选赛开幕式，并成为中职组赛场；多次承办吉林省、长春市中等职业学校汽车、会电等专业技能大赛赛事；承办“长春市普通高中招生现场咨询会”。

9月22日，在学校机械加工实训中心，隆重举办了2012年度全国汽车职业教育教师教学能力大赛开幕式，此次比赛受到教育部，吉林省教育厅，长春市教育局的高度重视。大型活动的成功举行，也充分体现了学校发展的强劲势头。

第五节

城市轨道交通安全的“守护神”

新文化报（记者　刘佳音　王璇）

蒋继承，1996年6月出生。2013年就读于长春职业技术学校城市轨道车辆运用与检修专业。2015 年 6 月，到长春公交集团电车公司顶岗实习。2016 年毕业，现在电车公司电气班工作。2016 年率先从普通实习员工，成为正式 3 星级员工，并入选为“电车公司年轻主力军”获得“先进员工”称号。

职业教育优秀毕业生
用奋斗诠释“相信就能看见”

图 4-2　城市轨道交通安全的“守护神”报道

2013 年，蒋继承成为长春职业技术学校城市轨道车辆运用与检修专业的一名学生，在学校学习期间他担任班长职务。2015 年到长春公交集团电车公司顶岗实习。2016 年毕业后的蒋继承顺利入职电车公司电气班，2017 年 4 月作为电车公司青年志愿者参与电车公司的精神文明建设；同年 4 月在党支部书记的带领下，参与了长春儿童福利院奉献爱心活动。自此他倍加关爱弱势群体，以实际行动诠释“奉献，友爱，互助，进步”的精神。

如今，蒋继承已在公交战线默默工作三年时间，他用自己扎实的专业技能确保公共交通车辆的安全运行，诠释着一名普通“匠人”在平凡工作岗位的默默耕耘，他用精益求精的工作态度，彰显一名职业学校学生的社会责任与担当。在蒋继承看来，成绩属于过去，在未来的日子里，他表示将会更加努力地学习、工作，争创一名新时代的技术人才，以更加优异的成绩回报母校的培养、企业的栽培以及社会各界的关注。

第六节

“幸福职教”让我叩响幸福之门

吉林教育电视台（记者 晓柏）

那年，十六岁的他，嬉嬉笑笑、调皮捣蛋，不爱学习，不在乎家长的着急。

那年，叛逆的他，迷茫找不到方向。周围的同学都在准备上高中继续学习朝着考大学在努力，可他，心里清楚自己的成绩，高中与他无缘。未来，他的未来是什么样子的？其实心里有点害怕，未来真的好遥远！好陌生！如迷雾般，让他不知所措。

正在他迷茫害怕的时候，长春职业技术学校就像夜空中的星星一般闪亮，让他看清了前路，找到了方向。他是谁？他是长春职业技术学校2013级数控技术应用专业学生冷东坡，一名在“幸福职教”中幸福成长起来的学子，就让我们一起来听听他的成长故事：

当时，我还不真正明白什么是中等职业教育？还不知道中职学习是什么样子？毕业后我能做什么？

就这样，带着一系列的问题和困惑，我走进我可爱的母校——长春职业技术学校。

你一定想知道现在的我是什么样子的？

今年，我21岁。我成长、我收获、我懂得，认认真真为自己的专业技能提升继续在学习；我笃定、我自信、我阳光、脚踏实地，在为自己的幸福努力奋斗着！

这个过程里我有太多的故事想要对你讲，讲一讲我的母校，我的经历，我的青春、我的感悟……

先说一说，在我眼里、心里的母校是什么样子的。

说起我的母校，才发现有太多美好的词语、美好的感受和太多的感谢、感恩在心里。这是一所公办的职业龙头学校；她像花园一样美丽美好；在这里有最先进的教育模式、教学理念和最先进的教学和实习实训设备设施；她给了我放飞梦想、让青春飞扬的机会；在这所学校里有着特别的文化气息和氛围，为我树立起成为一名“大国工匠”的宏伟人生目标！

还记得那年，懵懂的我，一切无所谓的心态，远远地看见长春职业技术学校时，惊诧得张大嘴巴忘记了说话，那些汽车挂在半空中，绿树红花掩映着，怎么回事？汽车为什么要挂在空中？是谁干的？为什么呢？一连串的问题，在心里盘绕着……。后来才知道：这是我们学校的师生自己动手设计建设的汽车文化广场，所有的汽车都是师生们自己整修、解剖、喷漆、焊接完成的。想想当年那个年轻的我啊，带着强烈的好奇，认真地打量着这所学校，我并不知道这所学校会赋予我什么？对于我有怎样的意义、怎样的重要？那是一个多么难忘的画面啊！

进入这样一所美丽美好的学校，要学习什么专业呢？我和父母都很茫然。招生办老师认真耐心而又细致地为我们做着专业介绍和说明，了解我的学习成绩、兴趣爱好、父母所从事的行业以及我对哪些方面的工作比较有兴趣、有倾向，并且带着我们参观了整个校园，一边对相关专业做着讲解、一边给我介绍这个专业的实习实训中心以及每个实习实训中心的设备设施情况，还有每个专业将来的就业去向和就业情况，我和父母认真地听、仔细地问，招生办的老师细致地答、耐心地讲，记得就只为如何选择一个适合我的专业，我和父母与招生办的老师就用了整整一个下午的时间。当然，我很庆幸自己选择了留在这所学校读书，并选择学习“数控技术应用”专业，以致到现在，在这样的工作岗位上，我一直坚定地走着、学着……

入学后，我的班主任是一名机电专业的男老师，初见班主任，还是延续着初中时的习惯和逃避，觉得老师就会说学习，从心里抗拒。然而，随着军训的结束，开始进入学习阶段后，班主任的亲切、细致、关怀和呵护，让我这个叛逆的学生打开了心门，温暖地懂得了班主任的另一层含义，班主任还像父亲、像朋友，这就是我的班主任——曲树德老师。

多年以后，曲老师仍旧是我心中的父亲、朋友，亦师亦友。只要有时间，就会去看看母校，看望我的老师。

一切进行得似乎都比较顺利，可问题总是出现在你觉得美好的时候。随着刚入学时好奇心的褪去，我又开始了懈怠，不想去上课，玩手机，留恋网络游戏，沉迷着，每天打不起精神来，上课就想趴桌子睡觉……。曲老师发现了我的状态，他认真地梳理我的情绪，帮我分析现状，告诉我明天要面对的困难，还有其他的授课老师，他们在课堂上认真负责，对每一个学生不放弃。用爱来关注我，用爱来感动我、说服我，在老师们的帮助下，我终于开窍了。有了明确的职业发展方向，有了如此好的学习环境，我没有理由再虚度时光。于是，我像换了一个人，心里有方向、行动有目标，浑身就充满力量！

我开始认真地对待每一节课，充实地过好每一天，“功夫不负有心人”于是，我成为学校的优秀学生，还成为吉林省三好学生，这些都是从前与我一点儿关系都不会有的荣誉，我欣喜、我骄傲，但老师们一边鼓励、一边又提醒着，让我在成绩和进步面前不停步、不飘扬，他们就像是守护神一般，在我成长的过程里为我保驾护航。说到这里，必须说的是感谢！感谢长职校、感谢老师们，对于一直顽劣的我不放弃、不嫌弃，让我找到了自己的长处，发现自己也可以闪亮，让我爱上自己，期待未来！

讲着这些故事的时候，最印象深刻的是我参加吉林省数控大赛时的那些日日夜夜……

我的专业老师——贾壁奇老师，他有一双慧眼，发现了我这颗沙砾，在他的精心、耐心地打磨下，我终成为一颗珍珠。

准备参赛初期，其实是心理和身体上的巨大考验和磨炼。我并不确定自己的能力是否可以应对比赛，看着学校为我们打造的如此先进的实习设备，看着贾老师不眠不休地利用一切可以利用的时间为我指导、辅导、陪伴时，本想退缩的话，居然没能说出口。累了，告诉自己要坚持；重复的练习一遍又一遍，一天又一天，真是让人抓狂，备赛时的孤独让人难以承受，看着同学们可以参加学校为我们精心开创的各种社团，看着同学们在操场上挥洒青春打篮球、跳街舞、去唱歌、去写诗，多么开心的日子，多么美好的时光！然而，要想取得成功，就得学会“舍得”。就这样，一路坚持下来，虽然错过了许多去玩的时光，舍去了可以与同学们一起开心笑、开心玩的日子，我得到的是“数控大赛吉林省赛区二等奖”。这不只是一个奖项，这也是真正让我自信起来的源头。通过比赛的备赛、比赛的参与、比赛的经历，我更加笃定、更加明确了自己未来要做什么？要如何去做？而且还为学校和老师带来了荣誉，这是我多么大的收获啊！

“时光如白驹过隙，忽然而已”在长职校学习的时光过得紧凑而有意义。转眼，就到了我们实习的阶段，学校与吉林智晟汽车模具有限公司合作共建校企合作模具生产实训基地（校中厂），作为第一批参与的学生，我是如此幸运。

在“校中厂”的生产性实习实训阶段里，我们接受校企合作的培训和实训，学习安全知识、6S 管理概念和生产实践技能，面对这样的机会，我不错过、不荒废，按着学校与企业的要求认真练习技能，虚心学习、请教师傅，不怕苦、不嫌累，就这样在同年 9 月，又一次脱颖而出，进入到吉林智晟汽车模具有限公司，我的人生开启了一个新的阶段。

时光一转眼，就来到了 2017 年，回首起初中毕业后一路走来的欢欣、苦痛，美好、失落，我成长、成熟，对未来充满希望，对幸福充满期待！

这一切于我，都只因为在那年，遇见了长春职业技术学校，遇见了一群为职业教育努力奋斗的可爱的职教人。

是长春职业技术学校为我开启了一次人生奇妙的旅程，是长职校的老师们一路呵护、陪伴、指引我成长，让我拥有了幸福人生的良好开端，让我成为一个能实现自我幸福、为他人传递幸福的人。在这里，我充分体会到了被尊重与被信任，我不仅掌握了开启幸福人生的技能本领，还具备了守规矩、负责任，求真、专注等重要品质。只一声感谢又如何才能表达我的幸福和感恩呢？

唯有继续在幸福的道路上不断前行，用我的成绩和幸福向母校交一份完美的答卷。

第七节

“幸福职教”的现实意义与价值

吉林教育电视台（《职有魅力》栏目组）

随着国家经济技术不断发展，对技术技能型人才的需求量与日俱增，针对这一人才缺口问题，国家号召大力发展职业教育，并作为重要工作提上日程。

2012 年 11 月 29 日，习近平总书记提出了“两个一百年”的奋斗目标和中华民族伟大复兴的“中国梦”，同时把教育事业作为实现中华民族伟大复兴的基础工程，坚定地提出要优先发展教育事业，办人民满意学校，并号召要大力发展现代职业教育，为社会培养大批高素质劳动者和中初级专门人才。2013 年起长春市实施幸福长春建设工程，连续四年被国家评为“最具幸福感的城市”，在幸福长春建设行动计划 100 项工程中，教育占比 1/8。从在校学生的家庭背景来看，他们多来自“三低一多”家庭，即父母教育程度较低，父母职业地位低，家庭收入水平较低，多子女的农村户口家庭比较多。由于家庭状况原因，家庭教育普遍缺失缺位，造成学生自卑、消极等心理问题，造成学生对幸福感的缺失和对学习生活的迷茫。在这种背景下，2013 年 9 月长春职业技术学校提出构建“幸福职教”体系、实现“全国名校”的建设目标。

经过 5 年的不断探索、完善和实践，“幸福职教”实施效果日渐显著，取得成果愈加丰硕，现实意义更加突出。

1. “幸福职教”解决了培养目标定位不准确的问题

中等职业学校教育的目标是把学生培养成为“具有综合职业能力，在生产、服务、技术和管理第一线工作的高素质劳动者和中初级专门人才”。而在传统中等职业学校当中，只是注重学生知识和技能的培养，而完全忽略了教育的真正目的与初衷。

教育的对象是人，是要把人培养成真正的人；培养成为能够为自己负责、为家庭负责、为社会负责的人；培养成为遵守职业规矩、遵守社会规矩、遵守生活规矩的人；培养成为能够为自己创造幸福、为社会创造价值、为国家做出贡献的人。

"幸福职教"通过"学己所想、用己所长、做己所望"三个路径，打造"教师的幸福和学生的幸福"，实现让老师快乐的教，学生幸福的学，并通过搭建"终身教育""国际合作""转岗提升"等平台，满足师生未来发展与幸福生活的更高需求。

"幸福职教"遵循职业教育发展规律，具有明确的培养目标、建设路径和实施办法，为职业教育发展建设目标定位具有参考价值。

2. "幸福职教"解决了专业设置陈旧、与社会需求脱钩的问题

专业设置是中等职业学校的命脉。中等职业教育发展最基本的条件是培养出来的学生要满足社会需求、符合企业用人标准。社会是处在动态发展过程，行业企业会深深受国家政策、国际气候等因素的影响，可能随时都会发生变化，这就要求中等职业学校要因势而谋，及时调整专业设置、选用优质教材，校企紧密对接，根据行业企业需求、按照行业企业标准，进行专业设置和教育教学。

学校在"幸福职教"建设中，紧跟国家发展城市轨道建设和区域支柱产业发展需求，建设全省第一家轨道实习实训中心，开设轨道专业，并成为首批国家级示范校项目建设重点专业项目建设，已经为企业输送千余名毕业生，分别分布到中车、长春地铁、长春轻轨等城市轨道行业和单位。近几年，数字多媒体技术发展速度迅猛，人才短缺严重，学校在 2016 年开设数字多媒体技术专业，并与高端摄影团队"宫"摄影、凤凰卫视教育等企业进行校企合作，学校数字媒体专业实训条件也是省内第一。

栽下梧桐树，引来金凤凰。学校成功的专业设置和一流的实训条件，吸

引了国内外的企业和高校，韩国全州纪真大学等国际学校主动找来与学校联合办学，共同培养国际化人才。

3. “幸福职教”扭转了人们对职业教育的偏颇认识

中等职业学校学生“无分”，只要愿意就可以就读中职、中职教育是“保姆式”看管教育的观念已经在老百姓心中打下深深的烙印，主要是由于普高扩招，毕业生就业安置等原因，为中等职业学校的招生带来巨大冲击和影响，带来招生难的问题，“无分”导致“素质低”“能力差”，加之有的中等职业学校办学理念落后，教育教学疏于管理，毕业生不能适应社会，企业对毕业生的质量发生质疑，在社会、企业、家长和学生中产生了对职业教育的片面认识。

学校在成功调整专业的基础上，在人才培养模式改革上狠下功夫，思考如何能够既能吸引学生的学习兴趣，又能培养出社会和企业真正需要的人才？中等职业学校的学生正处于青春期，性格及认知上还存在不确定性，在他们身上极有可能出现经过一段时期之后，对当初所选的专业不感兴趣，逐渐失去学习的主动性，导致恶性循环，影响教育教学的质量和学生的个人成长。

针对这样问题，学校经过认真调研和仔细研究，提出了“专业联动、分流培养”的人才培养模式，即专业联动，动态管理。学生入学后不分具体专业和方向，统一进行文化基础素质教育、专业基础技术教育、行业企业认知教育、职业生涯规划教育等，培养学生的职业基本素质、专业基本技能，了解行业企业发展状况和今后就业的职业岗位状况。经过一学期学习与培训之后，学生选择自己感兴趣的具体专业与方向，然后通过考核选拔，选出的学生重点培养基本技能，打造一批精英学子。其余的学生则重点根据订单企业职业岗位需求，培养工作技能与职业素质，达到企业就业标准，实现全额就业。

正确的培养目标和先进的人才培养模式，使学校培养出来的学生受到企业和社会的一致好评，一汽、中车等更多的大、中型知名企业来学校寻求合作、预定毕业生。由于“出口”质量提高，招生数量逐年大幅攀升，在其他学校为招不上生而发愁的时候，学校却要考虑采用什么办法限定招生，怎样才能招优秀生，学校决定采取入学考试，严把入口关，这样既不超额度招生，又保证生源质量，为培养优质毕业生提供了保障。优秀毕业生除了学习成绩优异，同时还要具备健康人格和职业道德，学校的养成教育培养了学生责任意识与规矩意识，同时让这些中职学生不再被冷落，走出自卑的阴霾，他们会因为具备扎实的技术技能和良好的道德情操，在步入社会后，受到认可和尊重。

经过几年的实践，学校在社会上产生了良好的信誉和影响，更多的学生、家长都是慕名而来，彻底改变了人们对中等职业学校只是学生家长“无奈的选择”的观念。

4. “幸福职教”实施终身教育，帮助学生实现幸福人生

职业教育是一个需要建立终身学习制的教育类型，终身教育是中国进入小康社会，实现“两个一百年”中国梦，提升全民素质的需要。终身教育和终身学习已经成为人们生存和发展的内在需求，应该成为每个社会成员的基

本生存方式。终身教育的主要目的是时时、处处为每个人提供学习机会。

学校在实施终身教育方面有着成熟的做法和经验，早在2010年就提出了纵向（初、高中生源基地—职业学校—企业）、横向（中专学历—大专学历—本科学历）、垂直（在职人员就读职业教育和接受技术培训的终身教育）三个方向构成的立体育人模式，拉开终身教育的序幕。

在“幸福职教”建设过程中，学校对终身教育机制与运行上又有了新的突破。

采用“互通衔接”，在学历教育内，如中高职“3+2”或“3+3”分段培养，中职与普通本科“3+4”分段培养，学生可以通过全日制教育进行学历教育和学历提升。与德国柏林职业教育集团、韩国全州纪真大学、尼日利亚、伊朗等国家开展国际合作，学生可以根据自己成长的需要和个性发展的需要进行选择，如有的学生喜欢去欧洲国家、有的喜欢亚洲国家等。学校拓宽渠道为学生创造条件，让每名学生都能找到适合自己发展的平台，选择继续升学或技能提升的终身教育。

采用“多元分级”，将职业教育进行分级制，强化社会培训功能，学校建有“吉林省汽车技术技能人才培训中心”“吉林省民营企业技术技能培训基地”“吉林省技术技能人才开发评价基地”“雪铁龙汽车长春培训中心”“国家中等职业学校专业教师实践基地”“吉林省职业技能大赛培训基地”“吉林省安装集团职业技能培训中心”，实施连续学习与弹性学习相结合，不受年龄、时间、空间限制，采用多次学习、远程学习、非连续性学习等形式。每年平均为社会培训各种技术技能人员3000余人次，近三年累计培训近万人，并为培训人员推荐再就业，缓解社会的就业压力，为每个人提供人生出彩机会，实现人人可学、时时可学、处处可学的目标。

5. “幸福职教”解决了困难学生就读难的问题

在学校，有一部分学生是因为家庭困难，因为看重学校教学质量高、能提供优质就业，所以到学校来想通过学习技能尽快就业、赚钱，减轻家庭负担，但这样的学生因为家庭境况，同时又会出现交不起学费等新的问题。

面对困难家庭学生上不起学的困境，学校采取多种“惠生”政策，圆他们的“求学梦”。

按照国家免学费政策，学校对所有农村及县镇、城市涉农学生和部分家庭困难学生免除学费。对长春市区户口学生每年免收 1000 元，共免 3000 元。农村（含县镇）及城市家庭困难学生（占在校生总数的 10%）可享受 2 年共计 4000 元助学金。

“金秋助学”活动，自 2012 年至今已开展 6 年，受惠困难生总人数达千余人，有 500 余名学生从学校毕业走上工作岗位或升入高等院校。只要是长春各地区工会困难职工的子女均可参加由长春市总工会与学校联合组织的金秋助学活动，受惠学生可享受减免学费和杂费特殊免费政策，工会助学学生每年补 1000 元伙食费，补 1000 元文化用品费，并优先安置就业。

开展精准扶贫，对长春地区“建档立卡”的贫困家庭实施精准扶贫，免除学费、教材费、职业资格认证费、公寓费、公寓备品费、校服费、城镇居民基本医疗费，每年补助各种费用共计 7200 元。

设立奖学金，奖励在校期间品学兼优的学生。技能大赛奖学金重金奖励刻苦训练，在国家、省市级大赛中获奖的学生。

设立名企励志奖学金，海尔、卓展、吉林智晟汽车模具等多家就业企业设立专项奖学金，表彰品技兼优学生。

“幸福职教”具有强烈社会责任感和使命感，正在努力着为社会需要的人提供更多的服务，帮助他们开启幸福人生。

6. “幸福职教”解决了对口就业率低的问题

部分中等职业学校长久以来由于办学理念的落后、专业设置的不科学、人才培养方式的不合理，使培养出来毕业生就业时所学专业的实用性差、应用性不强，为就业带来难题，导致毕业生推荐不出去、毕业生到企业不能学有所用、就业稳定性差，为学校带来不良影响。同时还可能带来更大的社会问题，那就是学生步入社会不能发挥作用，引起社会不稳定，家长、企业、社会对职业教育产生怀疑和不满。

中等职业学校与企业应是“鱼水”关系，企业为学校提供人才需求和标准，而学校要达到企业满意，就必须合理调整专业、实行“理实一体”教学，做到专业不落后、设备不落伍。

近几年，学校逐步把“教学设备”全部更新为“生产性实训设备”，特别注重生产性设备的购置与引进，通过“生产性实习实训”，学生在学校就能见到、使用到当前先进的生产设备和企业真实的生产环境，对专业文化、企业文化、职业文化有了更深入的了解，更重要的是学生所学的知识和技能与企业的生产要求实现高度融合，学生毕业就能走上生产一线，熟练操作生产设备。学校贯彻“学生能做的事情不让老师做，老师能做的事情不让社会做”的思想，在学校内创造一切机会为学生提供“生产性实训”的条件。2015年以来，焊接、车身修复专业学生在老师的指导下，参与建设汽车、机械加工、机电、电梯实训中心和学校形象工程，累计建设面积3000多平方米；电梯专业学生拆卸、安装电梯15部，师生自己动手共同完成实训中心建设任务；数字媒体技术应用专业的学生在学校文化建设中，与老师共同设计、制作和安装，累计制作平面文化版面千余平方米；机械加工专业学生利用激光切割设备为学校制作校牌、青春广场、雕塑等；酒店管理专业学生在学校大型活动总承担接待任务。

“生产性实习实训”有效解决了学生毕业“学无所用”的问题，让学生真正能“学有所用”。有效提高教育教学质量和对口就业率，学校就业对口率达到82%，远远高于国家平均水平，大大减轻企业职工再培训的负担。

7. “幸福职教”证明了学校办学的价值和意义

康德说：“人只有通过教育才能成为人。”雅斯贝尔斯说：“教育的活动关注的是：人的潜力如何最大限度地调动起来并加以实现，以及人的内部灵性与可能性符合充分形成”，乌申斯基进而明确说：“教育的主要目的在于使学生幸福”。按照这些伟大教育家的指引，我们“幸福职教”就有价值、有意义。

建设“幸福职教”的目标不仅限于学生和老师的当下幸福，这只是最直接、最肤浅的表现，还具有更深远的影响和幸福外延。

幸福的学生能给家庭带来更多的欢乐与希望，学生身上的阳光气息和幸福状态会直接感染到身边的人，为他们带来快乐心情，家庭气氛其乐融融，更重要的是学生能够通过有尊严的劳动，更多地为家庭创造物质财富，实现了家庭幸福；幸福的人会产生积极向上的生活态度，能拥有和谐的人际关系和朋友圈，容易获得和分享到更多的资源与信息，把握更多成功的机遇，能够在工作单位发挥更大的潜能，创造更大的价值，为单位带来幸福；企业获得丰厚的利润，既可以把红利分享给企业职工，提高了职工的物质幸福，同时又可以继续开展科技开发，促进企业自身和社会经济发展，这样周而复始，就形成一个良性循环，无限螺旋上升。

“幸福职教”正在为构建和谐社会，实现国家富强、民族振兴、人民幸福奉献更大的力量。

参 考 文 献

[1] 戴铜. 戴铜与幸福教育 [M]. 北京: 北京师范大学出版社, 2017.

[2] 胡爱玉. 胡爱玉与幸福教育 [M]. 北京: 北京师范大学出版社, 2014.

[3] 刘长江. 哈佛家训 [M]. 吉林: 吉林文史出版社, 2017.

[4] 路西. 心理学其实很有趣 [M]. 北京: 北京联合出版公司, 2017.

后　记

幸福职教　我们一直在路上

白驹过隙，岁月如梭。

转眼间，“幸福职教”已经陪伴着长春职业技术学校师生走过了整整五年的发展路程。回眸过去，我们清晰忆起师生幸福灿烂的笑容，清晰忆起全体长职人为“幸福职教”付出的艰辛，清晰忆起“幸福职教”创造的辉煌。

这五年，是不平凡的五年。

【十大成就】

我们成功地发展壮大了长春长吉图职业教育集团。集团由最初简单的校企合作，发展成为涵盖政府、行业、企事业、学校及国际交流与合作的大联盟，是吉林省规模最大、成员最多、运行最活跃、成效最显著的职教集团。

我们成功地与长春师范大学建成了“精密加工产学研实训基地”，配置最先进的五轴五联动历史加工中心等精密仪器 4 台，总价值达 2000 余万元，为各层次学生打开了智能制造的神秘大门。

我们成功地与吉林智晟公司合作共建了校内模具生产实训基地，成为全省“现代学徒制”的典范。

我们成功地实施了“生产性实习实训”教学模式，并逐步全面更新生产性实训设备，实现了学生“学有所用”，为一汽、中车等 237 家大、中型企业输送合格技术技能人才近万人。

我们成功地与长春市总工会联合开展了“金秋助学”活动。累计受惠困难学生达 800 余人，累计减免或发放补助资金 850 余万元，让困难家庭走上幸福生活。

我们成功地创建了“长春市中学生校外实践基地”。以学校现有的17个专业和实训条件为基础，建设“两个平台，二十体验中心”和近40余门课程，成为省内专业种类最多、设备最先进、规模最大的校外实践基地。

我们成功地与吉林大学交通学院共同建立电梯实训基地。项目总价值800余万元，成为东北最大的电梯维保人才的培训基地。

我们成功地引入东风集团东北区培训中心建设项目。项目投资800余万元，累计开展各类培训58批次，完成企业培训人数达1217人次，为缓解企业培训压力做出贡献。

我们成功地引入了一汽解放特种车公司服务外包零件加工项目。作为学生的生产性实习平台，为技能人才培养和使用实现真正意义上的零距离对接创造了典范案例。

我们成功地与长春师范大学、中车长春动检中心合作，共同培养“讲师、技师和工程师”的“三师型”师资队伍，开启了校企校联合培养共享职业师资的先河。

【历史性跨越】

我们在汽车专业实施了“专业联动，分流培养”人才培养模式。在这种模式下培养出的毕业生已经实现稳定就业，体现出该模式的优越性和先进性，在社会上产生了极深社会影响，实现职业教育由“无分入学”—“考试入学”—“限分入学”的历史性跨越。

在这里，您可以听到鸟儿在树枝上歌唱、听到知了在草丛中鸣叫、听到孩子们奏出欢快悦耳的琴声、听到朗朗的古文诵读……

在这里，您可以看到先进一流的教学环境、看到教育教学取得的累累硕果、看到师生共建的感人场面、看到优美和谐的幸福家园……

在这里，您可以欣赏到校园四季美景，欣赏到全国独一无二的汽车文化广场，欣赏到具有历史收藏价值的长春市第一辆有轨电车，还有把汽车镶嵌在墙上的奇观……

在这里，您可以享受到徜徉花园的幸福感受，享受到采撷果实的喜悦心情，享受到师生生活的快乐氛围，享受到舒适环境的便捷……

但，这只是梦想的起点。“幸福职教”真正成为学校的一种工作习惯，成为职业教育的一种价值追求，成为一种全社会的共同分享是我们执着追求的梦想。我们将怀着深深的教育情怀，不断探索解决制约职业教育发展的新机制，如校企运行机制、校校运行机制、校企合作资产投资机制、教师晋升机制、社区大学运行机制等，不断探索职业教育发展的新理念、新模式、新路径，为实现“两个一百年的奋斗目标”和中华民族伟大复兴的中国梦而不懈的努力和前行！

“思者先行，行者有为”。“幸福职教”，我们一直在路上，我们始终以最美丽的姿态与你共同开启幸福人生！